Chants de
Gesänge aus
Spevy z
Cântece din
Pjesme iz
Énekek
Liederen uit
Cantos de
Pesmi iz
Songs from
Cânticos de
Zpěvy z
Këngë nga
Giesmės iš
Sånger från
Пісні з
Canti di
Śpiewy z
Песни из

Taizé

Musique/Music : a) M. Praetorius; b) A. Arkhangelski; c) M. Franck; d) S. Toolan; e) J. Gelineau; f) orthodoxe; g) orthodoxe russe arr. Taizé; h) Taizé; i) J. Berthier
a) 31 b) 98 c) 42 d) 73, 88 e) 4, 51, 62, 64 f) 95, 99-100, 103-104, 109-112, 148, 150 g) 75, 94, 96, 97, 101, 105-108 h) 27-28, 30, 34, 39, 47, 59, 66-67, 74, 76-78, 87, 89-91, 102, 113-116, 118-140, 142, 144-147, 149, 151-153 i) 1-3, 5-26, 29, 32-33, 35-38, 40, 41, 43-46, 48-50, 52-58, 60, 61, 63, 65, 68-72, 79-86, 92-93, 117, 141, 143

ISBN 978-2-85040-312-5 - Achevé d'imprimer en mai 2011 - n° d'impression : 11-0689
par l'imprimerie Darantiere à Quetigny pour le compte des Presses de Taizé

♪ **Chantable / Singbar**
Cantable / Singable
Można śpiewać

Comment continuer à prier avec d'autres ?

Cette question se pose souvent après une semaine à Taizé ou après avoir participé à une rencontre de Taizé à travers le monde. Ce livret propose plus d'une centaine de chants, ceux qui sont le plus souvent chantés à Taizé.

Pour célébrer une prière commune, il peut suffire d'être quelques uns. Cependant, pour s'ouvrir plus largement, il est important de participer aussi à la prière de la communauté locale, la paroisse, là où se rassemblent toutes les générations.

Arrangement du lieu de prière

Il est préférable de se réunir dans une église, en veillant à en faire un lieu accueillant. Quelques éléments simples peuvent inviter à la prière : une croix, une icône ou une bible ouverte, des bougies, des fleurs. On peut disposer un tapis par terre pour ceux qui souhaitent prier à genoux, tandis que d'autres préfèrent s'asseoir sur des chaises ou des bancs. L'éclairage devrait rester discret, non éblouissant. Dans la prière, c'est le Christ qui est le vis-à-vis : mieux vaut que tous les participants regardent dans la même direction.

Déroulement

Pour commencer la prière, on prend un ou deux chants. Ensuite une personne, ou deux en alternance, lisent ou chantent les versets d'un psaume. Tous répondent par une acclamation chantée après chaque verset, par exemple « alléluia ». Si les versets sont chantés, éventuellement avec un fredon (la mélodie étant improvisée sur l'accord final de l'acclamation tenu par l'assemblée), ceux-ci doivent être courts, deux lignes en général ; si les versets sont lus, ils peuvent être plus longs. Il est aussi possible de chanter le psaume tous ensemble. (Exemples : Psaumes 34, 42, 62, 73, 84, 98, 100, 103, 121, 139)

Après le psaume, le texte biblique retenu devrait être court et compréhensible sans avoir besoin d'être expliqué.

Avant ou après la lecture, on peut choisir un chant qui célèbre la lumière du Christ. Pour mettre en valeur la Parole de Dieu, quelques jeunes ou des enfants s'avancent pendant ce chant et allument une ou plusieurs bougies, disposées à l'avance.

Après la lecture, un chant permet d'intérioriser la Parole de Dieu et conduit vers le temps de silence.

Si ceux qui participent à la prière ne sont pas habitués à un tel silence, on peut l'annoncer à la fin du chant qui précède. Il est préférable d'avoir un seul long moment de silence au cours d'une prière commune – cinq à dix minutes – plutôt que plusieurs moments courts.

Vient ensuite la prière d'intercession. Une ou deux personnes expriment les demandes préparées à l'avance qui sont introduites et ponctuées par un chant : Kyrie eleison, ou Gospodi pomilouï (Seigneur, aie compassion). Une fois achevées toutes ces demandes, il peut être bon d'offrir aux participants la possibilité d'une parole spontanée. Veiller seulement à ce que ces intentions soient brèves et que leur formulation en fasse des paroles non pas adressées aux autres mais à Dieu.

Après les intercessions, le Notre Père peut être dit ou chanté. Pour finir, on peut dire une courte prière de conclusion suivie de plusieurs chants.

Le chant

Dans une prière commune, les chants méditatifs permettent à tous de participer et de tenir ensemble dans l'attente de Dieu. En peu de mots, ils disent une réalité fondamentale, rapidement saisie par l'intelligence. Répétée comme à l'infini, cette réalité est peu à peu intériorisée par toute la personne.

Les chants de Taizé sont simples, mais leur utilisation dans une prière commune demande une préparation.

Si l'assemblée est grande, un petit chœur ou quelques instruments peuvent accompagner la prière : qu'ils soient dirigés très discrètement.

Pour trouver la note initiale, il est conseillé d'utiliser un diapason ou un instrument. La personne qui entonne veille aussi sur le tempo, qui peut avoir tendance à ralentir.

Les chants en diverses langues sont destinés avant tout à des assemblées internationales. Dans un groupe de quartier, chanter sans raison particulière un chant en langue étrangère peut déconcerter certains, mieux vaut choisir des chants en français ou en latin et veiller à intégrer aussi un chant du répertoire local.

Une guitare ou un instrument à clavier peuvent soutenir la structure harmonique du chant. Ils servent aussi à maintenir le ton et le tempo exacts. Le guitariste doit garder un style classique. En plus de cet accompagnement de base, il existe des accompagnements pour d'autres instruments.

Prières de frère Roger

Jésus notre paix, par ton Évangile tu nous appelles à être tout simples et tout humbles. Tu fais grandir en nous une reconnaissance infinie pour ta continuelle présence en nos cœurs.

Dieu de consolation, quand bien même nous ne sentirions rien de ta présence, toi tu es là. Ta présence est invisible mais ton Esprit Saint est toujours en nous.

Esprit Saint, qui remplis l'univers, tu mets à la portée de notre humaine fragilité ces valeurs d'Évangile : la bonté du cœur, le pardon, la compassion.

Dieu de tous les humains, quand nous avons le simple désir d'accueillir ton amour, une flamme s'allume peu à peu au tréfonds de notre âme. Elle peut être toute fragile mais elle brûle toujours.

Jésus, notre espérance, en toi nous trouvons la consolation dont Dieu vient inonder nos vies, et nous comprenons que, dans la prière, nous pouvons tout te remettre, tout te confier.

Esprit Saint, pour nous tous tu as un appel. Aussi viens préparer nos cœurs à découvrir ce que tu attends de chacun de nous.

Dieu de compassion, déconcertés par l'incompréhensible souffrance des innocents, nous prions pour ceux qui connaissent l'épreuve. Inspire le cœur de ceux qui cherchent une paix si indispensable pour toute la famille humaine.

Esprit Saint, en toi il nous est offert de découvrir cette réalité surprenante : Dieu ne veut ni la souffrance ni la détresse humaine, il ne crée en nous ni peur ni angoisse, Dieu ne peut que nous aimer.

Dieu de consolation, tu te charges de ce qui nous charge, au point que nous avancions à tout moment de l'inquiétude vers la confiance, de l'ombre vers la clarté.

Jésus, paix de nos cœurs, dans nos nuits comme dans nos jours, aux heures d'obscurité comme en celles de pleine lumière, tu frappes à notre porte et tu attends notre réponse.

Saint-Esprit, mystère d'une présence, tu nous revêts de ta paix, elle vient toucher l'intime de nous-mêmes, elle nous apporte un souffle de vie.

Jésus, notre confiance, en nous tu viens allumer une lueur. Serait-elle toute faible, elle suffit pour soutenir en nos cœurs le désir de Dieu.

¿Cómo continuar una oración común?

Esta pregunta se plantea con frecuencia después de una estancia en Taizé, o al volver de un encuentro internacional de Taizé. Este libro propone un centenar de los cantos que se cantan con más frecuencia.

Basta con ser unos pocos para celebrar una oración común. Sin embargo, para abrirse ampliamente, es conveniente participar en la oración de la comunidad local, la parroquia, allí donde se reúnen todas las generaciones.

Preparación del lugar de oración

Es preferible reunirse en una iglesia procurando crear un ambiente acogedor. Algunos elementos sencillos pueden invitar a la oración: una cruz, un icono o una biblia abierta, velas y flores. Se puede colocar un tapiz en el suelo para los que prefieren rezar de rodillas, sillas y bancos para quienes prefieren sentarse. La iluminación debería ser discreta, sin que encandile. En la oración, estas en presencia de Cristo, más vale que todos los participantes miren en la misma dirección.

Esquema

Se comienza la oración con uno o dos cantos meditativos. Luego una o dos personas leen, o cantan, los versículos de un salmo. Los demás responden con un aleluya después de cada versículo. Los versículos deben ser cortos, unas dos líneas; si los versículos son leídos pueden ser más largos. Es posible también cantar el salmo todos juntos. (Ejemplos: Salmos 34, 42, 62, 73, 84, 98, 100, 103, 121, 139)

Luego del salmo el texto bíblico elegido como lectura del día deberá ser corto y comprensible sin necesidad de explicación.
Antes o después de la lectura es posible elegir un canto que celebre la luz de Cristo. Para valorizar la Palabra de Dios algunos jóvenes o niños se adelantan durante este canto y encienden una o varias velas, ya dispuestas.

Después de la lectura un canto meditativo permite interiorizar la Palabra de Dios e introduce al tiempo de silencio.

Si quienes participan a la oración no están acostumbrados al silencio, se puede anunciarlo al final del canto que lo precede. Es preferible tener un único y largo momento de silencio durante la oración – cinco a diez minutos – que varios momentos cortos.

Luego viene la oración de intercesión. Una o dos personas expresan las peticiones, preparadas con antelación, y que son intercaladas con un canto: Kyrie eleison, Gospodi pomiloui (Señor ten piedad). Una vez terminadas las peticiones escritas, puede ser bueno ofrecer a los participantes la posibilidad de una expresión espontánea. Procurar que sean breves y que su formulación no haga oraciones que se dirijan a los demás sino a Dios.

Luego de las intercesiones, el Padrenuestro se puede recitar o cantar. Para terminar se puede decir una oración de conclusión, seguida de algunos cantos meditativos.

El canto

En la oración comunitaria los cantos meditativos permiten a todos de participar y mantenerse juntos en la espera de Dios. Con pocas palabras dicen una realidad fundamental rápidamente captada por la inteligencia. Cantados al infinito, esta realidad es poco a poco interiorizada por toda la persona.

Los cantos de Taizé son simples pero su utilización en una oración común requiere preparación.

Si la asamblea es grande, un pequeño coro o algunos instrumentos pueden acompañar la oración, a condición de que sea dirigidos con gran discreción. Para dar la nota inicial es aconsejable utilizar un diapasón o un instrumento. La persona que entona tiene en cuenta también el tiempo que puede tener tendencia a ser demasiado lento.

Los cantos en diversos idiomas son apropiados para las grandes asambleas internacionales. En un grupo parroquial cantar, sin motivo alguno, cantos en otro idioma puede crear desconcierto. Es mejor elegir cantos en castellano o en latín intentando integrar también uno o varios cantos del repertorio local.

Una guitarra o un teclado pueden sostener la estructura armónica del canto. Ayudan también a conservar el tiempo exacto. El guitarrista debe guardar un estilo clásico. Además de dicho acompañamiento de base, existen los acompañamientos para otros instrumentos.

Oraciones del hermano Roger

Jesús nuestra paz, por tu Evangelio tú nos llamas a ser muy sencillos y muy humildes. Tú haces crecer en nosotros un agradecimiento infinito por tu continua presencia en nuestros corazones.

Dios de consolación, aunque no sintiéramos nada de tu presencia, tú estás ahí. Tu presencia es invisible, pero tu Espíritu Santo está siempre en nosotros.

Espíritu Santo, que llenas el universo, tú pones al alcance de nuestra fragilidad humana estos valores del Evangelio: la bondad del corazón, el perdón y la compasión.

Jesús, nuestra esperanza, en ti encontramos la consolación con la que Dios viene a inundar nuestras vidas, y comprendemos que, en la oración, podemos entregártelo todo, confiarte todo.

Espíritu Santo tú tienes para todos nosotros una llamada. Por eso, ven a preparar nuestros corazones para que podamos descubrir lo que esperas de cada uno de nosotros.

Dios de compasión, desconcertados por el incomprensible sufrimiento de los inocentes, pedimos por quienes conocen la prueba. Inspira el corazón de quienes buscan la paz, tan indispensable para toda la familia humana.

Espíritu Santo en ti se nos ofrece descubrir esta realidad sorprendente: Dios no quiere el sufrimiento ni la aflicción humana, no crea en nosotros ni miedo ni angustia, Dios no puede más que amarnos.

Dios de consolación, tú te ocupas de lo que nos pesa, de tal modo que avancemos, en todo momento de la inquietud hacia la confianza, de la sombra hacia la claridad.

Jesús, paz de nuestros corazones, en nuestras noches, como en nuestros días, en las horas de oscuridad como en las de plena luz, tú llamas a nuestra puerta y esperas nuestra respuesta.

Espíritu Santo, misterio de una presencia, tú nos revistes con tu paz, que viene a tocar lo íntimo de nosotros mismos y nos trae un soplo de vida.

Jesús, nuestra confianza, tu vienes para encender en nosotros una luz. Aunque sea muy débil, ésta puede sostener en nuestros corazones el deseo de Dios.

Jak kontynuować modlitwę z innymi?

To pytanie pojawia się często po spędzeniu tygodnia w Taizé lub po przeżyciu innych spotkań organizowanych w różnych miejscach na świecie przez Taizé. W tym śpiewniku zamieszczono ponad sto najczęściej wykonywanych w Taizé śpiewów.

Wspólna modlitwa jest już możliwa, gdy zbierze się kilka osób. By jednak doświadczyć powszechności Kościoła, jest ważne, żeby przynajmniej w niedzielę włączyć się w liturgię wspólnoty parafialnej, która gromadzi wszystkie pokolenia, od dzieci po osoby najstarsze.

Przygotowanie miejsca modlitwy

Najlepszym miejscem na wspólną modlitwę jest kościół. Postarajmy się upiększyć tę jego część, gdzie się modlimy: można postawić bliżej krzyż, ikonę, otworzyć Pismo Święte, zapalić świece, zadbać o kwiaty. Można rozłożyć na ziemi dywan dla tych, którzy lubią się modlić klęcząc, podczas gdy inni wolą usiąść na krzesłach lub w ławkach. Oświetlenie powinno być dyskretne, żeby nie oślepiało. W modlitwie zwracamy się do Chrystusa, lepiej jest więc, kiedy wszyscy uczestnicy patrzą w tym samym kierunku.

Układ

Rozpoczynamy modlitwę jednym lub dwoma śpiewami. Następnie jedna albo dwie osoby na przemian czytają, bądź śpiewają, wersety psalmu. Wszyscy odpowiadają aklamacją śpiewaną po każdym wersecie, np. „Alleluja". Jeżeli wersety są śpiewane, ewentualnie z murmurando (melodię improwizuje solista w oparciu o ostatni akord aklamacji śpiewany przez wszystkich), to muszą być one krótkie (dwie linie); jeżeli wersety są czytane, mogą być dłuższe. Psalm może być też śpiewany przez wszystkich razem. Przykłady psalmów: 34 (33), 42 (41), 62 (61), 73 (72), 84 (83), 98 (97), 100 (99), 103 (102), 121 (120), 139 (138).

Po psalmie następuje czytanie biblijne. Wybrany fragment powinien być krótki i zrozumiały bez potrzeby komentowania go.

Przed czytaniem lub po nim można wybrać śpiew, który wysławia Chrystusa jako światłość. Podczas tego śpiewu, żeby zaznaczyć szczególną wartość Słowa Bożego, kilkoro dzieci lub młodych ludzi podchodzi do jednej lub kilku odpowiednio ustawionych świec i zapala je.

Śpiew po czytaniu pomaga wewnętrznie przyswoić sobie Słowo Boże i wprowadza w dłuższą chwilę ciszy. Jeżeli uczestnicy modlitwy nie są przyzwyczajeni do takiej ciszy, można ją zapowiedzieć po poprzedzającym śpiewie. Lepiej jest przewidzieć jedną dłuższą chwilę ciszy – pięć do dziesięciu minut – niż kilka krótkich.

Teraz następuje modlitwa wstawiennicza. Jedna lub dwie osoby na zmianę wypowiadają wcześniej przygotowane wezwania modlitewne a wszyscy obecni po każdym z nich śpiewają: Kyrie eleison lub Gospodi pomiłuj (Panie zmiłuj się). Czasami, po wyczerpaniu przygotowanych wezwań, dobrze zostawić uczestnikom czas, by mogli spontanicznie wypowiedzieć swoje intencje. Trzeba jednak czuwać nad tym, by były krótkie i kierowane jedynie do Boga.

Po modlitwie wstawienniczej śpiewamy lub recytujemy Ojcze nasz. Na zakończenie można wypowiedzieć krótką modlitwę końcową, po której następuje kilka śpiewów medytacyjnych.

Śpiew

Medytacyjne śpiewy umożliwiają uczestniczenie wszystkim we wspólnej modlitwie i trwanie razem w oczekiwaniu Boga. Niewielu słowami mówią one o jakiejś fundamentalnej prawdzie. Rozum szybko ją ogarnia, a powtarzana jakby w nieskończoność z wolna przenika całą osobę.

Śpiewy z Taizé są proste, ale wykorzystanie ich we wspólnej modlitwie wymaga przygotowania.

Jeżeli zgromadzenie jest duże, modlitwie mogą towarzyszyć mały chór i kilka instrumentów, ale dyrygowanie nimi powinno być bardzo dyskretne. Aby znaleźć nutę początkową, zalecane jest posłużenie się kamertonem lub jakimś instrumentem. Osoba intonująca śpiew czuwa także nad tempem, które może mieć tendencje do spowalniania.

Wielojęzyczne śpiewy są przeznaczone przede wszystkim na wielkie międzynarodowe zgromadzenia. Śpiewanie w obcych językach bez wyraźnej przyczyny na modlitwie w grupie parafialnej, może niektórych razić. W takiej sytuacji lepiej śpiewać po polsku lub po łacinie. Dobrze jest też włączyć pieśni z repertuaru własnej parafii.

Modlitwy Brata Rogera

Jezu, Ty jesteś naszym pokojem. W swojej Ewangelii wzywasz nas, byśmy byli pełni prostoty, pełni pokory. I ogarnia nas nieskończona wdzięczność, bo nieustannie jesteś w naszych sercach.

Boże, który przynosisz pocieszenie, nawet jeśli zupełnie nie odczuwamy Twojej obecności, Ty jesteś. Przez Ducha Świętego, choć niewidzialny, zawsze jesteś z nami.

Duchu Święty, który wypełniasz wszechświat, Ty znasz naszą ludzką niedoskonałość, a jednak ofiarowujesz nam ewangeliczne skarby: dobroć serca, przebaczenie, współczującą miłość.

Boże wszystkich ludzi, kiedy z wielką prostotą pragniemy przyjąć Twoją miłość, w głębi naszych dusz rozpala się z wolna płomień. Może być on nawet bardzo wątły, ale pali się zawsze.

Jezu, nasza nadziejo, w Tobie odnajdujemy pocieszenie, którym Bóg napełnia nasze życie. I rozumiemy, że w modlitwie możemy Ci wszystko oddać, wszystko Tobie powierzyć.

Duchu Święty, do wszystkich kierujesz jakieś wezwanie. Przyjdź więc i przygotuj nasze serca, byśmy potrafili odkryć to, czego oczekujesz od każdego z nas.

Boże współczujący, zbici z tropu niezrozumiałym cierpieniem niewinnych, prosimy Cię za ludzi, których dotykają trudne doświadczenia. Natchnij serca tych, którzy szukają pokoju tak potrzebnego całej ludzkiej rodzinie.

Duchu Święty, w Tobie możemy odkrywać tę zaskakującą prawdę: Bóg nie chce ani cierpienia, ani żadnej ludzkiej niedoli; nie chce wzbudzać w nas ani strachu, ani nawet niepokoju; Bóg może nas tylko kochać.

Boże, który przynosisz pocieszenie, Ty bierzesz na siebie to, co nas przytłacza i dlatego możemy, stale na nowo, wyruszać w drogę, iść od niepokoju do zaufania, przechodzić z mroku do światła.

Jezu, jesteś pokojem naszych serc. Zarówno wtedy, gdy otacza nas noc, jak i w jasny dzień, w godzinach ciemności, jak i w chwilach pełnych światła, pukasz do naszych drzwi i czekasz na naszą odpowiedź.

Duchu Święty, bliski nam w niepojęty sposób, Ty okrywasz nas szatą pokoju. Twój pokój wypełnia najgłębiej ukryte zakamarki naszego wnętrza, niesie ożywcze tchnienie.

Jezu, jesteś naszym zaufaniem, Ty w nas zapalasz płomyk. Nawet jeśli byłby on zupełnie słaby, to wystarczy, aby umacniać w nas pragnienie Boga.

Gemeinsame Gebete zuhause

Viele fragen sich nach der Rückkehr von einem Europäischen Jugendtreffen in Taizé oder zum Jahreswechsel in einer Großstadt, wie sie zu Hause gemeinsame Gebete weiterführen können. Dieses Heft enthält etwa hundert meditative Gesänge, die in Taizé am häufigsten gesungen werden.

Schon einige wenige Jugendliche können ein gemeinsames Gebet halten. Sie sollten sich aber auch an den Gottesdiensten der Kirchengemeinde beteiligen, wo alle Generationen zusammenkommen.

Wo beten?

Das Gebet möglichst in eine Kirche verlegen und eine einladende Atmosphäre schaffen: mit einem Kreuz, einer Ikone oder einer offenen Bibel, mit Kerzen und Blumen. Teppiche oder Decken ausbreiten für alle, die am Boden knien möchten, während sich andere auf Stühle oder in Bänke setzen. Für gedämpftes, warmes Licht sorgen. Weil im Gebet Christus unser Gegenüber ist, liegt es nahe, daß alle in dieselbe Richtung schauen.

Wie beten?

Am Anfang des Gebets können ein oder zwei Gesänge stehen, auf die ein Psalm folgt. Nach jedem Psalmvers, der von verschiedenen Leuten gelesen oder gesungen werden kann, antworten alle mit einem Alleluja, dessen Schlussakkord, wenn die Verse gesungen werden, von allen weitergesummt werden kann. Es ist nicht nötig, einen ganzen Psalm zu nehmen; am besten die zugänglichsten Verse anstreichen. (z.B. aus Psalm 33, 41, 61, 72, 83, 97, 99, 102, 120, 138, ...).

Darauf folgt ein Bibeltext, der kurz und ohne Erläuterung verständlich sein sollte.

Vor oder nach der Lesung können Kinder oder ein Jugendlicher eine oder mehrere Kerzen entzünden, während dessen ein Gesang über Christus, das Licht, erklingt.

Ein ruhiger Gesang mündet anschließend in eine Zeit der Stille, die unter Umständen kurz angesagt werden kann. Eine einzige fünf- bis zehnminütige stille Zeit ist besser als mehrere kurze.

Die Fürbitten, die sich an die Stille anschließen, sollen kurz und prägnant sein. Es hat sich bewährt, abwechselnd schriftlich vorbereitete Bitten oder auch Lobpreisworte – vorzulesen auf die jeweils ein gemeinsam gesungenes Kyrie eleison, Gospodi pomiluj (Herr erbarme dich) folgt. Am Schluß der vorbereiteten Bitten können spontan einige freie gesprochen werden. Diese Bitten sollen ebenfalls kurz sein und sich in der Formulierung an Gott richten, nicht an die Anwesenden.

Danach kommt das gesungene oder gesprochene Vater Unser. Darauf kann ein Schlussgebet folgen. Das Gebet klingt mit einigen Gesängen aus.

Mancherorts wird noch meditative Musik gespielt. So gibt es kein abruptes Ende; jede und jeder kann früher oder später gehen.

Was singen?

Mit Wiederholgesängen beten ist eine gemeinsame Form der Gottessuche, die allen zugänglich ist. Ein oft und oft wiederholter Grundgedanke aus wenigen Worten ist schnell erfasst und prägt sich allmählich tief ein.

Die „Gesänge aus Taizé" sind einfach und können dennoch nicht ohne Vorbereitung Verwendung finden.

Stimmt man einen Gesang aufs Geratewohl an, ist die Tonlage meistens zu tief. Man kann sich mit einer Stimmgabel, einer Gitarre oder einer Flöte behelfen. Darauf achten, daß nicht zu langsam angestimmt bzw. immer langsamer gesungen wird.

Die Gesänge sind wegen der Internationalität der Jugendtreffen in Taizé und anderswo in verschiedenen Sprachen geschrieben. Zuhause ist es besser, vor allem auf Deutsch oder Lateinisch zu singen, es sei denn, es ist jemand mit einer anderen Muttersprache dabei. Auch das eine oder andere sonst übliche Lied verwenden.

Eine Gitarre oder ein Tasteninstrument können den Gesang begleitend abstützen. Sie erleichtern es, Tonhöhe und Tempo zu halten. Es gibt darüber hinaus auch Begleitstimmen für eine Reihe anderer Instrumente.

Gebete von Frère Roger

Jesus, unser Frieden, durch dein Evangelium rufst du uns auf, ganz einfach und ganz schlicht zu sein. Du lässt in uns grenzenlose Dankbarkeit wachsen für deine stete Gegenwart in unseren Herzen.

Gott allen Trostes, selbst wenn wir nichts von deiner Nähe spüren, bist du da. Deine Gegenwart ist unsichtbar, aber dein Heiliger Geist ist immer in uns.

Heiliger Geist, du erfüllst das All, du machst uns zerbrechlichen Menschen Werte des Evangeliums zugänglich: Herzensgüte, Verzeihen und Erbarmen.

Gott aller Menschen, wenn wir nur das Verlangen haben, deine Liebe zu empfangen, entzündet sich auf dem Grund unserer Seele allmählich eine Flamme. Sie kann unstet flackern, aber sie brennt immer weiter.

Jesus, unsere Hoffnung, in dir finden wir den Trost, mit dem Gott unser Leben überfluten will, und wir begreifen, dass wir dir im Gebet alles anheim geben, alles anvertrauen können.

Heiliger Geist, du richtest an uns alle einen Ruf. Komm und mache uns im Herzen bereit herauszufinden, was Du von jedem von uns erwartest

Gott voll Erbarmen, verstört durch das unbegreifliche Leiden unschuldiger Menschen bitten wir dich für alle, die in Bedrängnis sind. Beflügele die Herzen derer, die einen Frieden suchen, wie er für die ganze Menschheitsfamilie unerlässlich ist.

Heiliger Geist, in dir ist es uns geschenkt, etwas Überraschendes zu entdecken: Gott will nicht, dass ein Mensch leidet oder im Elend lebt, er ruft weder Angst noch Furcht hervor, Gott kann uns nur lieben.

Gott allen Trostes, du nimmst auf dich, was uns belastet, so dass wir jederzeit von der Besorgnis zum Vertrauen, vom Schatten zu heller Klarheit gelangen.

Jesus, Friede unserer Herzen, in unseren Nächten wie in unseren Tagen, in dunklen wie in lichterfüllten Stunden klopfst du an unsere Tür und wartest auf unsere Antwort.

Heiliger Geist, Geheimnis einer Gegenwart, du hüllst uns in deinen Frieden, er rührt an unser Innerstes und bringt uns Lebensmut.

Jesus, unser Vertrauen, du entzündest in uns ein Licht. Mag es auch ganz schwach leuchten, es genügt, um in unseren Herzen die Sehnsucht nach Gott wach zu halten.

Kaip tęsti bendrą maldą?

Šis klausimas dažnai žmonėms kyla po to, kai jie pabūna Taizé arba dalyvauja Taizé susitikimuose įvairiose pasaulio vietose. Šioje knygelėje rasite daugiau nei šimtą meditacinių giesmių, dažniausiai giedamų Taizé.

Visai nebūtina, kad į bendras pamaldas susirinktų daug žmonių, pakanka net dviejų ar trijų asmenų grupelės. Tačiau jei siekiame atvirumo ir visuotinumo, reikėtų taip pat melstis drauge su savo bendruomene, parapija, kur maldai susirenka visos kartos.

Maldos vietos paruošimas

Jei tik įmanoma, pasistenkite susirinkti bažnyčioje, suteikite jai grožio ir svetingumo. Maldai gali pakviesti keletas paprastų dalykų: kryžius, ikona arba atversta Biblija, žvakės, gėlės. Ant grindų paklokite patiesalą tiems, kurie mėgsta melstis klūpėdami arba sėdėdami ant grindų, o kiti tegul sėdasi ant kėdžių ar suolų. Apšvietimas turėtų būti prislopintas, ne per ryškus. Melsdamiesi mes kreipiamės į Kristų, todėl reikėtų visiems būti atsigręžusiems į vieną pusę.

Pamaldų eiga

Pamaldų pradžioje galima pagiedoti vieną ar dvi meditacines giesmes, paskui psalmę. Vienas arba du pamaldų dalyviai gali pakaitomis skaityti arba giedoti psalmės eilutes. Po kiekvienos eilutės visi atsako giedodami „Aleliuja“ ar kitą pritarimo giesmę. Jei psalmė giedama, geriau giedoti trumpai, paprastai po dvi eilutes. Susirinkusieji gali tęsti paskutinį akordą, kol solistas gieda psalmės eilutes. Jei psalmė skaitoma, eilutės gali būti ilgesnės. Galima visą psalmę giedoti, tada drauge gieda visi pamaldų dalyviai. (Pavyzdžiui: 34, 42, 62, 73, 84, 98, 100, 103, 121, 139 psalmės.)

Po to skaitoma Biblijos ištrauka; skaitinys turėtų būti trumpas ir suprantamas be paaiškinimų.

Prieš skaitant arba perskaičius skaitinį, tiktų pagiedoti Kristaus šviesą šlovinančią giesmę. Kad pagerbtume Dievo Žodį, giedant šią giesmę, keletas vaikų ar jaunuolių galėtų ateiti nešini degančiomis žvakelėmis ir uždegti vieną didelę žvakę ar keletą žvakių iš anksto paruoštų patalpos, kur vyksta pamaldos, centre.

Giesmė, giedama perskaičius skaitinį, galėtų padėti geriau įsisąmoninti Dievo Žodį ir taptų įžanga į tylos metą.

Jei dalyvaujantieji pamaldose nėra įpratę prie tokio tylos meto, baigus giedoti giesmę, galima pasakyti, kad dabar keletą minučių melsimės tyloje. Vienas ilgesnis tylos laikas (nuo penkių iki dešimties minučių) yra geriau nei keletas trumpų.

Pasibaigus tylos metui, galima skaityti maldavimus. Vienas ar du pamaldų dalyviai paeiliui skaito iš anksto parengtus maldavimus; po kiekvieno jų giedama „Kyrie eleison“, Viešpatie pasigailėk, arba „Kristau, išgirsk mus, Kristau išklausyk mus“. Būtų gražu, jei perskaičius paruoštus maldavimus, dalyviai spontaniškai išsakytų asmeninius maldavimus, kurie turėtų būti trumpi ir skirti Dievui, ne šalia esantiems žmonėms.

Po to seka Tėve mūsų malda (kalbama arba giedama), po jos – pabaigos maldelė ir galiausiai keletas giesmių.

Giedojimas

Kai susirenkama bendrai maldai, meditacinių giesmių giedojimas padeda visiems dalyvauti ir drauge šlovinti Dievą. Keliais žodžiais jos perteikia lengvai suvokiamą esminę tikrovę. Kai nuolat kartojame giesmės žodžius, ši tikrovė pamažu prasiskverbia iki sielos gelmių.

Taizé giesmės yra paprastos, tačiau jei norime jas giedoti per pamaldas, reikia iš anksto pasimokyti.

Kai susirenka daug žmonių, būtų naudinga, jei giesmes vestų nedidelis choras arba muzikos instrumentais grojančiųjų grupė. Jei chorui diriguojama, tai turi būti daroma labai diskretiškai, neblaškant dėmesio. Norint teisingai pasirinkti pirmąją natą, būtų naudinga pasinaudoti kamertonu arba muzikos instrumentu. Vedantysis giesmę (pradedantysis) turėtų sekti, kad nesulėtėtų tempas, nes kartais taip atsitinka.

Giesmės įvairiomis kalbomis labiau tinka dideliems tarptautiniams susibūrimams. Susirinkus Lietuvoje, giedojimas svetima kalba be svarbios priežasties gali trikdyti, todėl patartina giedoti lietuviškai arba lotyniškai. Galima pasirinkti ir vieną ar dvi tradicines, visiems žinomas lietuviškas giesmes.

Gitara ar klavišiniai instrumentai padeda išlaikyti giesmės harmoniją, taip pat reikiamą toną ir tempą. Gitara reikia groti klasikiniu stiliumi. Yra partijų ne tik šiems pagrindiniams, bet ir kitiems muzikos instrumentams.

Brolio Roger maldos

Jėzau, mūsų ramybe, savo Evangelija tu mus ragini būti labai paprastais, labai nuolankiais. Ir mūsų širdyse atsiranda begalinis dėkingumas už tai, kad nuolat esi šalia mūsų.

Paguodos Dieve, tu visada esi šalia mūsų, net tada, kai mes visiškai to nejaučiame. Tavo buvimas nematomas, bet tavo Šventoji Dvasia visada lieka mūsų širdyse.

Šventoji Dvasia, tu pripildai visą visatą. Nepaisant mūsų žmogiškojo silpnumo, tavo dėka mums tampa pasiekiamos Evangelijos vertybės: geraširdiškumas, atlaidumas ir užuojauta.

Visų žmonių Dieve, kai mes jaučiame paprastą troškimą priimti tavo meilę, mūsų sielos gelmėse įsižiebia ugnis. Ši liepsnelė gali būti labai silpna, tačiau ji dega visą laiką.

Jėzau, mūsų viltie, tavyje mes randame paguodą, jos dėka Dievas ateina ir užpildo mūsų gyvenimą, tada mes suprantame, kad maldoje viską galime atiduoti tau, viską pavesti tau.

Šventoji Dvasia, tu kvieti kiekvieną iš mūsų. Ateik, padėk, kad mūsų širdys gebėtų atrasti tai, ko tikimasi iš kiekvieno iš mūsų.

Paguodos Dieve, esame sutrikę, matydami nesuvokiamą nekaltųjų kančią, mes meldžiame už tuos, kurie patiria išmėginimus. Įkvėpk širdis tų, kurie siekia taikos, taip reikalingos visai žmonijos šeimai.

Šventoji Dvasia, tavo dėka mums atsiveria nuostabus dalykas: mes suprantame, jog Dievas nenori, kad žmonės kentėtų ar patirtų sielvartą, Dievas niekada nesukelia baimės ar skausmo, Dievas tegali mus mylėti.

Paguodos Dieve, tu prisiimi viską, kas mus slegia, kad visada galėtume žengti pirmyn: atsikratyti nerimo ir nebijoti pasitikėti, eiti iš sutemų į šviesą.

Jėzau, mūsų širdžių ramybe, naktį ir dieną, tamsos ir šviesos metą, tu beldiesi į mūsų duris ir lauki atsako.

Šventoji Dvasia, Dievo artumo paslaptie, tu mus apgaubi savo ramybe. Tavo ramybė paliečia mūsų širdies gelmes, atneša naują gyvybės dvelksmą.

Jėzau, mūsų tikėjimo šaltini, tu ateini uždegti liepsnos mūsų širdyse. Nors ji ir labai silpna, bet jos pakanka, kad mūsų širdys nepaliautų troškusios Dievo.

Как продолжать молиться общей молитвой?

Этот вопрос молодые люди часто задают себе после недели, проведённой в Тэзе, или, приняв участие во встречах Тэзе по всему миру. Этот сборник предлагает около сотни молитвенных песнопений, чаще всего используемых в Тэзе.

Для того чтобы совершать общую молитву, достаточно всего несколько человек. Однако чтобы быть более открытым, важно также участвовать и в общей молитве вашего прихода, на которую собираются люди всех возрастов.

Место для молитвы

Лучше всего собираться в церкви, стараясь сделать выбранное для молитвы место уютным. Несколько элементов могут помочь в молитве: распятие, икона или открытая Библия, свечи и цветы. Расстелите ковер для тех, кто любит молиться, стоя на коленях или сидя на полу, а для остальных поставьте стулья или скамьи. Освещение должно быть тихим, не ярким. В молитве мы встречаемся с Христом: лучше, если все участники молитвы смотрят в одном направлении.

Порядок молитвы

Молитву можно начинать с одного-двух песнопений. Затем один или два человека читают или поют стихи псалма. Все остальные после каждого стиха отвечают пением „Аллилуйя". Если стихи псалма поются, в некоторых случаях молящиеся продолжают держать последний аккорд возгласа (в то время как солист пропевает стихи псалма), берите не больше двух строк. Если стихи читаются, можно взять более длинный отрывок. Можно также всем вместе петь псалом. (Например: Псалмы 34/33, 42/41, 62/61, 73/72, 84/83, 98/97, 100/99, 103/102, 121/120, 139/138).

Библейский текст, выбранный для чтения на этот день, должен быть кратким и понятным, таким, чтобы не было необходимости его объяснять.

До и после чтения можно выбрать песнопение, славящее Свет Христов. Чтобы воплотить Слово Божье, во время пения несколько детей или молодых людей подходят со свечой в руке к лампаде или к большой свече, чтобы зажечь её.

Пение после чтения помогает принять Слово Божье и подводит к моменту молчания.

Если те, кто участвует в молитве, не привыкли к такому молчанию, можно предупредить их в конце предыдущего песнопения. Один сравнительно долгий момент тишины – пять-десять минут – предпочтительнее, чем несколько коротких.

За молчанием следует просительная или благодарственная молитва. Один-два человека поочерёдно читают, желательно подготовленные заранее, прошения, и после каждого все поют: „Kyrie eleison", „Господи, помилуй". После заранее подготовленных прошений возможна свободная молитва своими словами кого-то из участников. Это должны быть краткие обращения к Богу, следует избегать длинных речей, попыток передать окружающим свои личные мысли и мнения.

Просительная молитва кончается „Отче Наш". Затем может следовать заключительная молитва и несколько песнопений.

Пение

Молитвенное пение помогает всем участвовать в общей молитве и пребывать в ожидании Бога. Краткие, много раз повторяющиеся песнопения способствуют сосредоточению, легко доносят до сознания суть нашей веры, постепенно проникают внутрь и пронизывают всего человека.

Песнопения Тэзе просты, но их исполнение на общей молитве требует подготовки.

Если собравшихся много, небольшой хор и несколько инструментов могут сопровождать молитву. Если есть дирижер, он должен быть незаметен. Чтобы взять первую ноту, можно использовать камертон или один из музыкальных инструментов. Солист также следит за темпом, который имеет тенденцию к замедлению.

Песнопения на разных языках хороши прежде всего для международных встреч. Для обычной группы, куда входят люди разных возрастов, песнопения на иностранных языках могут многих смутить. Лучше выбрать песни на русском или латинском языке, а также включить в молитву что-либо из песнопений вашего прихода.

Гитара или клавишный инструмент могут поддерживать гармонию песнопения. Также они помогут сохранять тональность и темп. Гитарист должен придерживаться классического стиля. Кроме этого основного аккомпанемента, существует аккомпанемент для других инструментов.

Молитвы брата Роже

Иисусе, наш мир, своим Евангелием Ты призываешь нас быть совсем простыми и смиренными. И через Тебя в нас растет бесконечная благодарность за Твое непрестанное присутствие в наших сердцах.

Боже утешения, даже когда мы вовсе не чувствуем Твоего присутствия, Ты – здесь. Твое присутствие невидимо, но Твой Святой Дух всегда пребывает в нас.

Дух Святой, наполняющий вселенную, Ты вкладываешь в нашу человеческую хрупкость эти драгоценности Евангелия: доброту сердца, прощение, сострадание.

Боже всех людей, когда в нас есть просто желание принять Твою любовь, понемногу в глубине души разгорается огонь. Его пламя может быть совсем слабым, но он горит всегда.

Иисусе, наша надежда, в Тебе мы обретаем утешение. Бог изливает его на нашу жизнь, и мы понимаем, что в молитве мы можем все Тебе вручить, все доверить Тебе.

Дух Святый, Ты всех нас зовешь. Приди же и приготовь наши сердца, дабы мы поняли, чего Ты ждешь от каждого из нас.

Боже сострадания, смущенные непонятными мучениями невинных, мы молимся за тех, кто познал испытания. Вложи вдохновение в сердца тех, кто ищет мира, – мира, который так нужен всей семье человечества.

Дух Святой, в Тебе нам открывается поразительное: Бог не хочет для людей ни страдания, ни горя, не Он подает нам страх и муки. Бог может нас только любить.

Боже утешения, Ты взваливаешь на Себя наши бремена, чтобы в любое мгновение мы могли стремиться от тревоги к доверию, от сумерек к свету.

Иисусе, мир наших сердец, в нашей ночи, как и во дни, в часы мрака, как и в часы, исполненные света, Ты стучишь в нашу дверь и ждешь от нас ответа.

Святой Дух, тайна Присутствия, Ты облекаешь нас миром Твоим. Этот мир прикасается к нашей сокровенной глубине и несет нам дыхание жизни.

Иисусе, наше доверие, Ты приходишь зажечь в нас огонек. Пусть неяркий – этого довольно, чтобы сохранить в сердце жажду Бога.

Come continuare una preghiera insieme

Dopo aver trascorso una settimana a Taizé o dopo aver partecipato ad un incontro di Taizé attraverso il mondo, spesso nasce questa domanda. Nel libretto sono proposti un centinaio di canti, fra i più cantati a Taizé.

Per celebrare una preghiera comune bastano poche persone. Tuttavia, per una maggiore apertura, è importante partecipare anche alla preghiera della comunità locale, la parrocchia, dove si riuniscono persone di tutte le età.

Preparare il luogo per la preghiera

Quando è possibile, è meglio riunirsi in una chiesa, cercando di rendere l'ambiente accogliente. Qualche semplice segno può invitare alla preghiera: una croce, un'icona o una Bibbia aperta, delle candele, dei fiori. Si possono mettere dei tappeti per terra per le persone che vogliono inginocchiarsi, mentre altri preferiscono sedersi sulle panche o sulle sedie. L'illuminazione deve rimanere discreta, non accecante ma neppure troppo buia. Nella preghiera andiamo ad incontrare Cristo, è dunque bene che tutti guardino nella stessa direzione.

Svolgimento

La preghiera può iniziare con uno o due canti. Poi si legge un salmo (lo può fare una persona o due che si alternano nel leggere o cantare i versetti del salmo). Tutti rispondono con un'acclamazione cantata dopo ogni versetto, per esempio "alleluia". È meglio scegliere dei versetti accessibili, non è necessario leggere tutto il salmo; se i versetti sono cantati devono essere abbastanza corti, se vengono letti possono essere più lunghi. È anche possibile cantare il salmo tutti insieme. [Esempi: salmo 34 (33), 42 (41), 62 (61), 73 (72), 84 (83), 98 (97), 100 (99), 103 (102), 121 (120), 139 (138)].

Dopo il salmo si legge un testo biblico, anche questo breve, comprensibile e che non richieda particolari spiegazioni.

Prima o dopo la lettura si può scegliere un canto che celebra la luce di Cristo. Per mettere in evidenza la Parola di Dio, dei bambini o dei giovani, durante questo canto, accendono una lampada o delle candele disposte all'inizio.

Dopo la lettura, un canto può permettere di interiorizzare più facilmente la Parola di Dio e introduce il momento di silenzio.

Se chi partecipa alla preghiera non è abituato al silenzio, si può annunciarlo alla fine del canto. Nel corso della preghiera comune, è preferibile un lungo momento di silenzio (da cinque a dieci minuti) piuttosto che diversi momenti più brevi.

Si prosegue poi con la preghiera d'intercessione. Una o due persone si alternano nel leggere le intenzioni preparate, alla fine di ognuna di esse tutti rispondono con un canto: Kyrie eleison, oppure Gospodi pomilui (Signore, pietà). Alla fine si può lasciare un tempo in cui ognuno può fare una propria intercessione spontanea. È bene spiegare in anticipo la necessità di fare intenzioni brevi e rivolte a Dio evitando lunghi discorsi fatti per trasmettere le proprie idee agli altri.

Dopo le intercessioni si recita o si canta il Padre Nostro. Si conclude poi leggendo una breve preghiera finale seguita da alcuni canti.

Il canto

Nella preghiera comune, i canti meditativi permettono a tutti di partecipare e di rimanere insieme nell'attesa di Dio. Con poche parole esprimono una realtà fondamentale che l'intelligenza coglie rapidamente. Ripetuta come all'infinito, questa realtà, a poco a poco, è interiorizzata da tutta la persona.

I canti di Taizé sono semplici, ma il loro utilizzo durante una preghiera comune richiede una preparazione.

Se si tratta di una grande assemblea, un piccolo coro o qualche strumento possono accompagnare la preghiera: devono essere diretti con molta discrezione. Per dare la nota iniziale o per accompagnare la melodia, il supporto di un diapason o di uno strumento musicale può essere d'aiuto. Chi intona deve anche fare attenzione al ritmo del canto, che spesso tende a rallentare.

I canti nelle diverse lingue sono appropriati per gli incontri internazionali. Nei gruppi in città o in quartiere, cantare un canto in lingua straniera senza una particolare ragione può sconcertare alcune persone; è meglio dunque scegliere canti in italiano o in latino e aver cura di utilizzare anche qualche canto della tradizione locale.

Una chitarra o una tastiera possono accompagnare l'armonia del canto. Servono anche a mantenere il tono e il tempo giusto. Il chitarrista deve mantenere uno stile classico. Oltre a questo accompagnamento di base, esistono anche accompagnamenti per altri strumenti.

Preghiere di frère Roger

Gesù, nostra pace, con il tuo Vangelo ci chiami ad essere del tutto semplici ed umili. Tu fai crescere in noi una riconoscenza infinita per la tua costante presenza nei nostri cuori.

Dio di consolazione, anche quando non sentiamo nulla della tua presenza, tu ci sei. La tua presenza è invisibile ma il tuo Spirito Santo è sempre in noi.

Spirito Santo, che riempi l'universo, tu metti a disposizione della nostra fragilità umana questi valori del Vangelo: la bontà del cuore, il perdono, la compassione.

Dio di ogni essere umano, quando abbiamo il semplice desiderio di accogliere il tuo amore, a poco a poco una fiamma si accende nel più profondo della nostra anima. Può essere fragilissima ma arde sempre.

Gesù nostra speranza, in te troviamo la consolazione con la quale Dio riempie la nostra vita, e comprendiamo che, nella preghiera, tutto possiamo riporre in te, tutto affidarti.

Spirito Santo, tu hai una chiamata per tutti noi. Vieni quindi a preparare i nostri cuori a scoprire ciò che aspetti da ciascuno di noi.

Dio di compassione, sconcertati dall'incomprensibile sofferenza degli innocenti, preghiamo per coloro che sono nella prova. Ispiri il cuore di chi cerca una pace così indispensabile per tutta la famiglia umana.

Spirito Santo, in te è possibile scoprire questa sorprendente realtà: Dio non vuole né la sofferenza né la disperazione umana, non crea in noi né la paura né l'angoscia, Dio non può che amarci.

Dio di consolazione, ti fai carico di ciò che ci pesa, al punto che, in ogni momento, avanziamo dall'inquietudine verso la fiducia, dall'oscurità verso la chiarezza.

Gesù, pace dei nostri cuori, nelle nostre notti come nei nostri giorni, nelle ore di oscurità come in quelle di piena luce, bussi alla nostra porta e aspetti la nostra risposta.

Spirito Santo, mistero di una presenza, tu ci rivesti della tua pace, essa tocca l'intimo di noi stessi e ci porta un soffio di vita.

Gesù, nostra fiducia, in noi vieni ad accendere un chiarore. Anche se debolissimo, basta per sostenere nel nostro cuore il desiderio di Dio.

How Can We Keep On Praying Together?

People often ask this question after a stay in Taizé, or after taking part in a Taizé meeting elsewhere in the world. This booklet offers over a hundred songs, the ones that are most often sung in Taizé.

To celebrate a prayer with others, there do not have to be many people: a small group of two or three can be enough. But to be open to something larger, it is important also to join the prayer of the local Christian community, a parish or congregation where all the generations come together.

Setting Up the Place of Prayer

If possible, try to meet in a church, doing what is necessary to make it feel welcoming. A few simple signs can act as an invitation to pray: a cross, an icon or an open Bible, candles, flowers. Place a carpet on the floor for those who wish to pray kneeling or sitting on the ground; chairs or benches should also be available for those who prefer. The lighting should be subdued, not glaring. It is preferable for all the participants to face the same direction, as a way of expressing that our prayer is directed not to one another but to Christ.

Structure

The prayer can begin with one or two songs. Then one person or two people alternately can read or sing verses from a psalm. Everyone can respond by singing an acclamation such as an alleluia after each verse. If the verses are sung, they can be supported by the assembly humming the final chord while the soloist improvises a melody; in this case they should be short, not longer than two lines. If the verses are simply read, they can be a little longer. (Examples: Psalms 34, 42, 62, 73, 84, 98, 100, 103, 121, 139.)

After the psalm, the Bible text chosen as a reading should not be too long and should be one that can be understood without any explanation.

Before or after the reading, a song celebrating the light of Christ can be sung. In order to celebrate the Word of God, during the singing some children or young people can come forward holding lighted tapers to light a large candle or several candles prepared in advance.

A song after the reading can help to let the Word of God sink in and lead into a time of silence.

If the people present are not used to such a time of silence, it can be announced at the end of the preceding song. A single long period of silence (five to ten minutes) works better than several brief moments.

The silence can be followed by a prayer of intercession. One or two persons take turns reading the petitions prepared in advance, with a chant such as Kyrie eleison, Gospodi pomiluj, ("Lord, have compassion") sung at the beginning and after each petition. When these are finished, it can be good to give the opportunity to the people present to express spontaneous prayer intentions. These should be brief and should be addressed not to the other people present but to God.

After the prayer of intercession, the Our Father can be said or sung. And to finish, there can be a short concluding prayer followed by several songs.

Singing

When people come together to pray, meditative singing can help everyone to participate and to stay together in waiting on God. Using just a few words, they express a fundamental reality that can quickly be grasped by the mind. As the words are sung over many times, this reality can gradually sink into one's whole being.

The songs of Taizé are simple, but using them for a time of prayer together requires some preparation.

If there are many people, a small choir or a group of musicians can accompany the prayer. They should be conducted very discreetly. To find the note for starting the songs, it is recommended to use a tuning fork or an instrument. The person who begins the songs help to maintain the tempo, which can tend to slow down.

Songs in different languages are appropriate for large international gatherings. In a neighbourhood prayer it can be disconcerting to use foreign languages without a particular reason, and so it is better to choose songs in English or the local language, or possibly in Latin. One or two well-known local songs or hymns can also be included.

A guitar or a keyboard instrument can sustain the harmony of the songs, and help keep the pitch and the tempo. Guitarists should keep a classical style. In addition to these basic accompaniments, accompaniments for other instruments also exist.

Prayers by Brother Roger

Jesus our peace, by your Gospel you call us to be very simple, very humble. You cause to grow within us an infinite gratitude for your constant presence in our hearts.

God of consolation, even when we feel nothing of your presence, still, you are there. Your presence is invisible but your Holy Spirit is always within us.

Holy Spirit, you fill the universe, and you bring within the reach of our fragile humanity these Gospel values: goodness of heart, forgiveness, compassion.

God of every human being, when we have a simple longing to welcome your love, a flame rises up little by little deep in our souls. Very fragile though it be, it always keeps burning.

Jesus, our hope, in you we find the consolation with which God comes to flood our lives, and we understand that, in prayer, we can bring everything to you, entrust everything to you.

Holy Spirit, you have a call for every one of us. So come, prepare our hearts to discover what it is that you expect of each of us.

God of compassion, disconcerted by the incomprehensible suffering of the innocent, we pray for those who are experiencing times of trial. Inspire the hearts of those who seek the peace that is so indispensable for the whole human family.

Holy Spirit, in you we are offered a way of discovering this amazing reality: God does not wish suffering or distress for people, he never creates fear or anguish in us, God can only love us.

God of consolation, you burden yourself with our burdens, so that we can move forward at every moment, from anxiety toward trust, from shadows toward light.

Jesus, peace of our hearts, in our nights as in our days, in the hours of darkness as in those of bright light, you knock at our doors and await our response.

Holy Spirit, mystery of a presence, you enfold us with your peace that comes to touch our inmost heart, bringing us a breath of life.

Jesus, our trust, within us you come to kindle a flame. Feeble though it may be, it is enough to sustain in our hearts the desire for God.

1 Dans nos obscurités

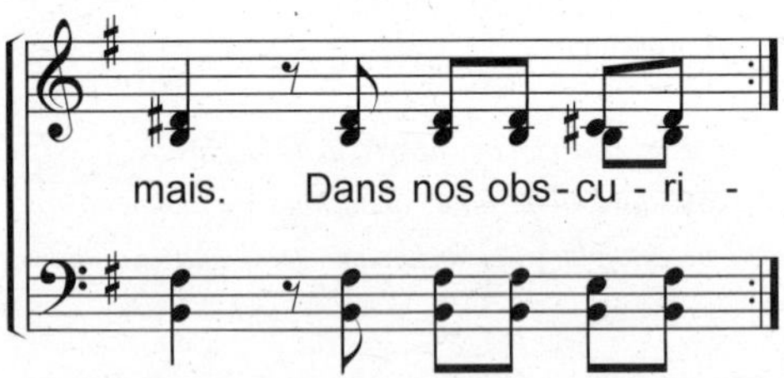

♪ **With-in our dark-est night**, you kin-dle the fire that nev-er dies a-way, that nev-er dies a-way. / **En nues-tra‿os-cu-ri-dad**, en-cien-de la lla-ma de tu‿a-mor Se-ñor,— de tu‿a-mor Se-ñor. / **Im Dun-kel uns-rer Nacht,** ent-zün-de das Feu-er, das nie mehr er-lischt, das nie-mals mehr er-lischt. / **In ques-ta‿o-scu-ri-tà**, ac-cen-di la fiam-ma del tuo‿a-mor Si-gnor,— del tuo‿a-mor Si-gnor. / **Na nos-sa‿es-cu-ri-dão**, a-cen-de Se-nhor a tu-a luz de‿a-mor, a tu-a luz de‿a-mor.

♪ **W na-szych cie-mno-ściach**, o Pa-nie, roz-pal o-gień, któ-ry ni-gdy nie za-ga-śnie. / **Gyújts éj-sza-kánk-ba fényt**, hadd ég-jen a so-ha ki nem al-vó tűz, a ki nem al-vó tűz. / **V tem-no-tách na-šich dnů** za-pal o-heň, kte-rý nez-ha-sí-ná, ni-kdy nez-ha-sí-ná v nás. / **Sred na-še ta-me** sja tvoj plam što ga vječ-no pa-liš, Kri-ste, ti, što ga pa-liš ti. / **Tam-soj gū-džios nak-ties** mums ug-nį už-dek ne-gęs-tan-čios vil-ties, ne-gęs-tan-čios vil-ties.

(Во тьме нашей жизни зажги огонь, который никогда не гаснет.)

Wait for the Lord

(Attendez le Seigneur, son jour est proche. Prenez cœur. / Ждите Господа, ибо близок день Его; бодрствуйте, будьте крепки сердцем. *cf Ps 27, 14*)

2

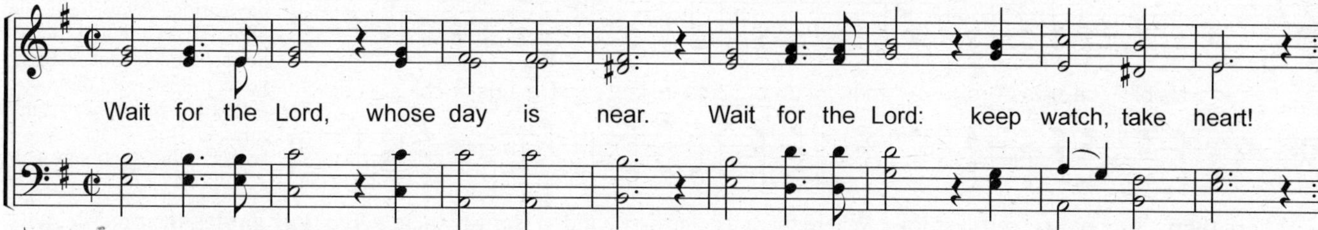

♪ **Con-tem-pla-ré tu vi-da**_en mi. Con-tem-pla-ré, Se-ñor, tu_a-mor. / **Nah ist der Herr**, es kommt sein Tag. Nah ist der Herr, habt Mut, bleibt wach. / **Pan blis-ko jest,** o-cze-kuj Go. Pan blis-ko jest, w Nim ser-ca moc! / **Bli-zu je Bog**, pri-ha-ja k_nam. Bli-zu je Bog, le ča-kaj nanj. / **Blíz-ko je Pán** a je-ho den. Blíz-ko je Pán, ne-měj-te strach. / **Várj és ne félj**, az Úr jön már. Várj és ne félj: hű szív-vel várj! / **Vieš-pa-ties lauk**, jau Jis ar-ti. Vieš-pa-ties lauk, bu-dėk šir-dy. / **Bli-zu je Bog**, o-če-kuj ga. Bli-zu je Bog, o-da-gnaj strah! / **Zo-tin ti prit** se ai po vjen. Zo-tin ti prit e mos ki frik'. / தேவனை பார் இதோ அவர் நாள். தேவனை பார் திடம் கொள்வாய். / Hãy biết đợi Chúa Đây ngày gần rồi. Chờ mong Thiên Chúa: tâm trí kiên cường.

Bleibet hier

(Restez ici et veillez avec moi: veillez et priez. *Mt 26, 38*)

3

♪ **Stay with me**, re-main here with me, watch— and pray,— watch— and pray.— / **Per-ma-ne-ce jun-to de Mim.** O-ra_e vi-gi-a, o-ra_e vi-gi-a. / **Ve-la-ré con-ti-go Se-ñor**, mien-tras yo vi-va, mien-tras yo vi-va. / **Vir-rassz még** és i-mád-kozz még! Jé-zus-sal éb-ren, vir-rassz az éj-ben. / **Zo-stań tu**, i ze mną się módl, ra-zem czu-waj-my, ra-zem czu-waj-my. / **Bo-di tu**, in čuj zdaj z‿me-noj. Čuj zdaj in mo-li, čuj zdaj in mo-li. / **Zů-staň-te** a bdě-te se mnou. Bdě-te a pros-te, bdě- te a pros-te. / **Li-ki-te** kar-tu su ma-nim, nuo-lat bu-dė-kit ir karš-tai mels-kit. / **O-stani tu** i u-za me bdij. Mo-li i bdij,— mo-li i bdij.— / **Rri-ni ktu** e pri-sni me mu lu-tu-ni e pri-sni lu-tu-ni e pri-sni. / **Будь-те здесь**, **о-стань-тесь** со мной: бди-те, мо-ли-тесь, бди-те, мо-ли-тесь. / **За-ли-шись** й зі мно-ю мо-лись Пиль-нуй мо-ли-ся Пиль-нуй мо-ли-ся. / **Kaa ha-pa** pa-mo-ja na-mi ke-sha na sa-li ke-sha na sa-li. / **Re-sta qui** e ve-glia con me. Ve-glia e pre-ga, ve-glia e pre-ga.

4 Ubi caritas Deus ibi est

(Là où sont la charité et l'amour, là est Dieu. / Donde hay caridad y amor, allí está Dios. / Wo Güte und Liebe herrscht, da ist Gott. / Tam, gdzie miłość jest i dobroć, tam, gdzie miłość jest, tam mieszka Bóg. / Там, где милосердие и любовь – там есть Бог.)

♪ **Where there‿is char-i-ty**, self-less love, Where there‿is char-i-ty, God— is tru-ly there. / **Ten, kur gai-les-tis** ir mei-lė, ten, kur gai-les-tis, Die-vas ten y-ra. / いつくしみあーいの あるところかーみともに

5 Bless the Lord

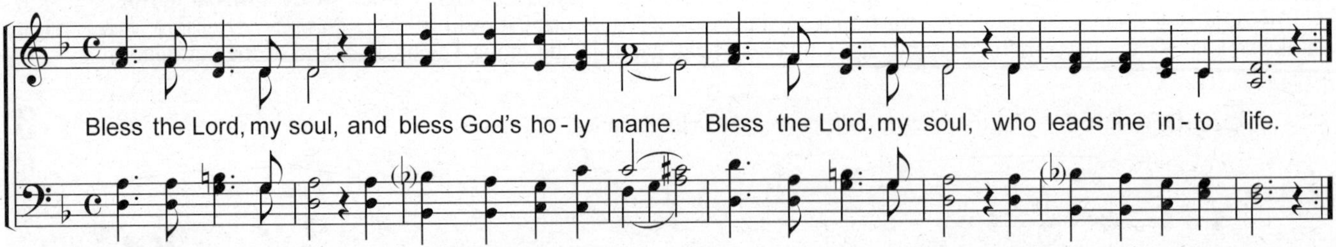

♪ **Ten-go sed de ti**, oh fuen-te del a-mor. Ten-go sed de ti: tu‿a-mor es li-ber-tad. / **Jo tinc set de tu,** tinc set del teu a-mor. Jo tinc set de tu, oh font de lli-ber-tat. / **Prijs de Heer** mijn ziel, en prijs zijn heil'-ge naam. Prijs de Heer mijn ziel, die mij het le-ven geeft. / **Zo-tin beko,** o shpirt, dhe e mrin e tij të shenjt'. Zo-tin beko, o shpirt, prej vdekjes sjell shpëtim. / **Kii-da Is-san-dat** ja ü-lis-ta, mu hing, Kii-da Is-san-dat, ta el-lu ju-hib mind. / **Wiel-bić Pa-na chcę**, ra-dos ną śpie-wać pieśń. Wiel-bić Pa-na chcę, On źród-łem ży-cia jest. / **Bla-go-slov-ljen Bog**, i pre-sve-to mu i-me. Bla-go-slov-ljen Bog, on ži-vot da-ru-je. / **Kun-gam pa-tei-cos**: sirds Vi-ņā prie-ku rod. Kun-gam pa-tei-cos par vi-su, ko Viņš dod. / **Daj nam mir, Go-spod**, raz-sve-tli nam sr-ce. Daj nam mir, Go-spod, raz-ja-sni svoj o-braz. / **Šlo-vink Vieš-pa-tį,** ir šven-tą var-dą Jo. Ma-no sie-lai Jis gy-vy-bę am-žiams duos. / **Cân-tă su-fle-te** pe Dom-nul tău cel Sfânt. Cân-tă su-fle-te, El via-ţă dă-ru-ie. / **Гос-по-ду хва-ла и и-ме-ни Е-го**. Гос-по-ду хва-ла, Он в жизнь ме-ня ве-дёт. / **Гос-по-ду хва-ла** свя-те Йо-го і-м'я Гос-по-ду хва-ла Він дже-ре-ло жит-тя. / **Lo-de‿a Te, Si-gnor,** per sem-pre can-te-rò. Lo-de‿a te Si-gnor, sei Tu il Sal-va-tor.

(Bénis le Seigneur, mon âme; bénis son saint nom, il me conduit à la vie. / Preise den Herrn, meine Seele, und preise seinen heiligen Namen; er führt mich in das Leben. *cf Ps 103, 1-4*)

Gloria ... et in terra pax (canon) **6**

(Слава Богу в вышних, аллилуйя! И на земле мир людям доброй воли.)

(Gloire à Dieu au plus haut des cieux et sur la terre paix aux hommes de bonne volonté. / Glory to God in the highest and on earth peace to people of good will. / Ehre sei Gott in der Höhe und Friede auf Erden den Menschen seiner Gnade. / Gloria a Dios en lo alto del cielo y en la tierra paz a los hombres que ama el Señor. / Chwała na wysokości Bogu, a na ziemi pokój ludziom dobrej woli. *Lc 2, 14*)

Notre âme attend **7**

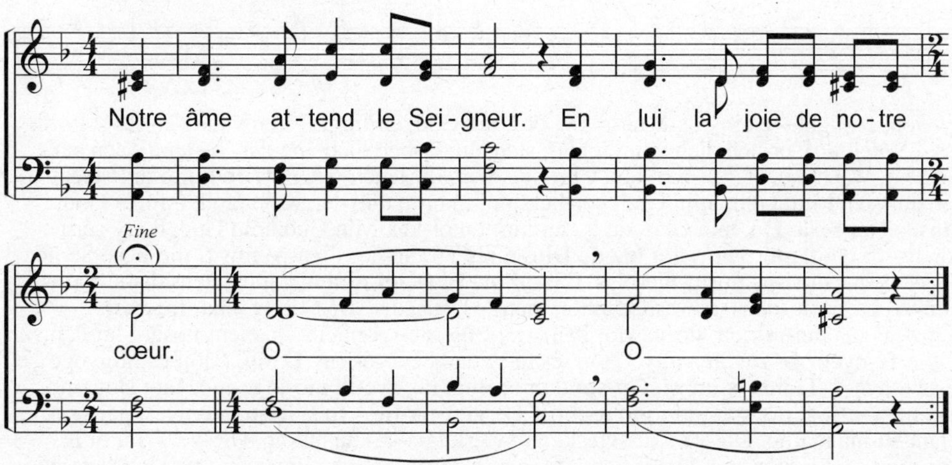

♪ **Our soul is wait-ing** for God. Our hearts find joy— in the Lord. / **Ver-traut dem Herrn** al-le-zeit. In Freu-de hal-tet euch be-reit. / **En ti con-fí-o** Se-ñor. En ti la paz del co-ra-zón. / **In te con-fi-do** Si-gnor. Tu sei la gio-ia del mio cuor. / **Jo vull can-tar** pel Se-nyor, Ell es la joi-a del meu cor. / **Zu-re mai-ta-sun hor-tan**, si-nis-ten de-gu guk jau-na. / **Ra-do-ścią ser-ca** jest Pan. Na Nie-go cze-ka du-sza ma. / **Le ča-kaj-mo** na Bo-ga, saj v njem ve-se-lje je sr-ca. / **Mūs sie-la lau-kia Ta-vęs**. E-si pa-lai-ma mūs šir-džių.

(Наша душа ждет Господа. В нем радость нашего сердца. *Ps 33, 20-21*)

8 C'est toi ma lampe, Seigneur

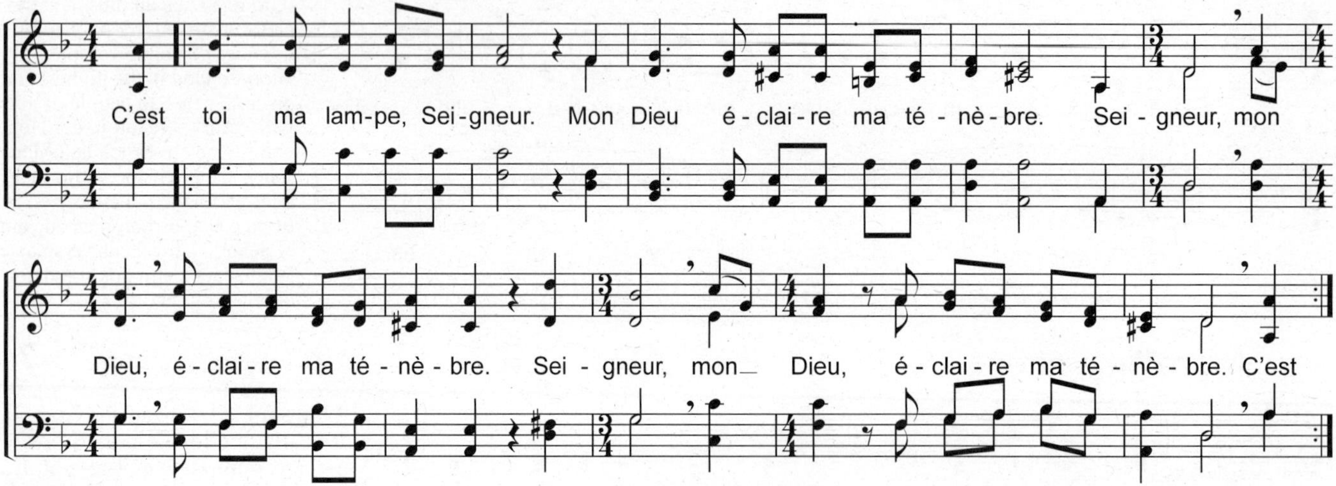

♪ **Your word, O Lord**, is a light. My God, en-light—en my dark-ness. O Lord, my God, en-light—en my dark-ness. O Lord, my— God, en-light—en my dark-ness. / **Wach auf**, er-heb dich vom Schlaf, steh auf, er-heb dich von den To-ten. Wach auf, steh auf, und Chri-stus wird dein Licht sein. Wach auf, steh— auf, und Chri-stus wird dir leuch-ten. / **Mijn lamp** ont-steekt U, o Heer. Mijn God, ver-licht mij in mijn duis-ter. Mijn God, mijn God, ver-licht mij in mijn duis-ter. Mijn God, mijn— God, ver-licht mij in mijn duis-ter. / **Mitt ljus**, o Her-re, är Du, min Gud, du ly-ser i mitt mör-ker. Min Gud, min Gud, du ly-ser i mitt mör-ker. Min Gud, min— Gud, du ly-ser i mitt mör-ker. / **La luz de Dios** e-res Tú. Se-ñor di-si-pa mis ti-nie-blas. Se-ñor Je-sús, di-si-pa mis ti-nie-blas, Se-ñor Je — sús, di-si-pa mis ti-nie-blas. / **Se-nhor, Tu és mi-nha luz**, meu Deus dis-si-pa‿as mi-nhas tre-vas. Se-nhor, meu Deus, dis-si- pa‿as mi-nhas tre-vas. Se-nhor, meu— Deus, dis-si-pa‿as mi-nhas tre-vas. / **Świat-łoś-cią mo-ją jest Pan.** To On roz-jaś-nia mo-ją ciem-ność. Mój Pan, mój Bóg roz-jaś-nia mo-ją ciem-ność. Mój Pan, mój Bóg roz-jaś-nia mo-ją ciem-ność. / **A fé-nyem Jé-zus, te vagy,** ó jöjj, és ra-gyogd be az é-jem. Ó jöjj, ó jöjj és ra-gyogd be az é-jem. Ó jöjj, ó jöjj és ra-gyogd be az é-jem. / **Ti mo-ja luč si, Go-spod**, moj Bog, raz-sve-tli mo-jo te-mo. Moj Bog, moj Bog, raz-sve-tli mo-jo te-mo. Moj Bog, moj— Bog, raz-sve-tli mo-jo te-mo. / **O, Vieš-pa-tie – tu švie-sa**, nu-šviesk tam-su-mą ma-no, Die-ve. Nu-šviesk, nu-šviesk tam-su-mą ma-no, Die-ve. Nu-šviesk, nu-šviesk tam-su-mą ma-no, Die-ve. / **Sei tu la lu-ce Si-gnor**, mio Dio ri-schia-ra la mia not-te. Si-gnor, mio Dio ri-schia-ra la mia not-te, Si-gnor, mi-o Dio ri-schia-ra la mia not-te. *2 Sm 22, 29 / Ps 18, 29*

(Господи, Ты мой светильник. Мой Бог, освети мрак внутри меня.)

Jésus le Christ

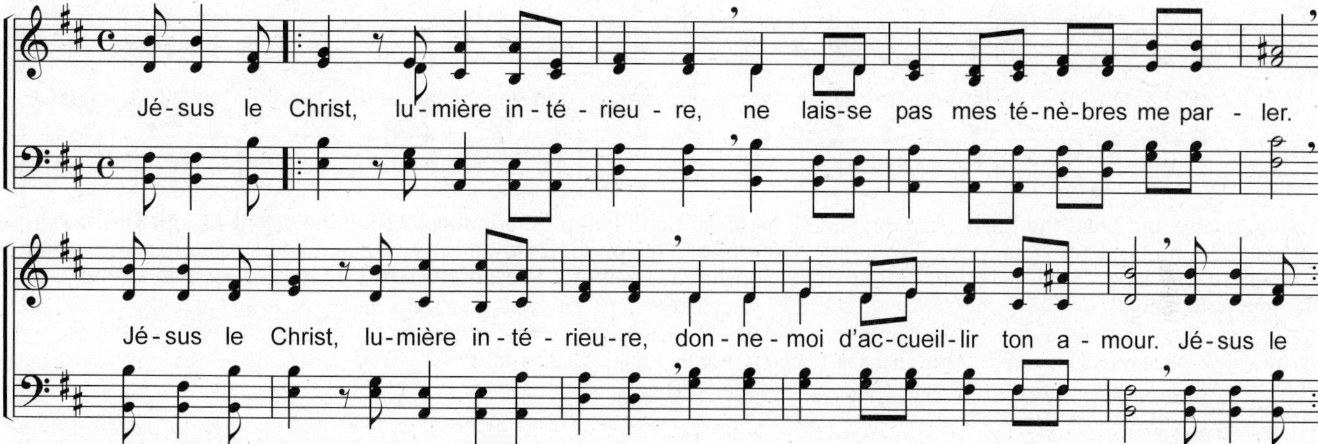

♪ **Cris-to Je-sús**, oh fue-go que‿a-bra-sa, que las ti-nie-blas en mí no ten-gan voz. Cris-to Je-sús, di-si-pa mis som-bras. Y que‿en mí só-lo ha-ble tu‿A-mor. / **Lord Je-sus Christ**, your light shines with-in us. Let not my doubts or my dark-ness speak to me. Lord Je-sus Christ, your light shines with-in us. Let my heart al-ways wel-come your love. / **Chri-stus, dein Licht** ver-klärt uns-re Schat-ten, las-se nicht zu, daß das Dun-kel zu uns spricht. Chri-stus, dein Licht, er-strahlt auf der Er-de und du sagst uns: Auch ihr seid das Licht. / **Se-nhor Je-sus**, tu és luz do mun-do: dis-si-pa‿as tre-vas que me que-rem fa-lar. Se-nhor Je-sus, és luz na mi-nh'al-ma: sai-ba eu a-co-lher‿o teu a-mor. / **Je-sus, Guds Søn**, du lys i mit in-dre, lad ik-ke mør-ket få mag-ten i mit sind. Je-sus, Guds Søn, du lys i mit in-dre, luk mig op for din kær-lig-heds Ånd. / **Je-zu, Tyś jest** świat-łoś-cią mej du-szy. Niech ciem-ność ma nie prze-ma-wia do mnie już. Je-zu, Tyś jest świat-łoś-cią mej du-szy. Daj mi moc przy-jąć dziś mi-łość Twą. / **Jėzau, e-si švie-sa** mū-sų sie-lų, Jė-zau, tam-sy-bė-se ne-pa-lik ma-nęs. Jė-zau, e-si švie-sa mū-sų sie-lų, Tu ma-ne sa-vo mei-le ap-gaubk. / **O Je-zu Krisht** ndri-çi-mi i bre-ndshëm hi-jet e err-ta t'më fla-sin mos i ler. O Je-zu Krisht ndri-çi-mi i bre-ndshëm da-shu-rin tën-de bëj ta pra-noj. / **Kri-ste, tvoj lik** nek' svije-tli u me-ni, ne daj da tmi-ne mi mo-je go-vo-re. Kri-ste, tvoj lik nek' svije-tli u me-ni, svo-jom lju-bav-lju za-šti-ti me. / **І-сус Хрис-тос**, Ти світ-ло між на-ми О від-вер-ни нас від тем-ря-ви й стра-ху І-сус Хрис-тос, Ти світ-ло між на-ми Дай прий-ня-ти нам Тво-ю лю-бов. / **Cri-sto Ge-sù**, o Lu-ce‿in-te-rio-re, non la-scia-re che‿il bu-io par-li‿in me. Cri-sto Ge-sù, o lu-ce‿in-te-rio-re, fa' ch'io‿a-col-ga il tu-o a-mor.

(Иисусе Христе, внутренний свет, не позволяй мраку внутри меня говорить ко мне. Иисусе Христе, внутренний свет, дай мне принять Твою любовь.)

10 Laudate Dominum

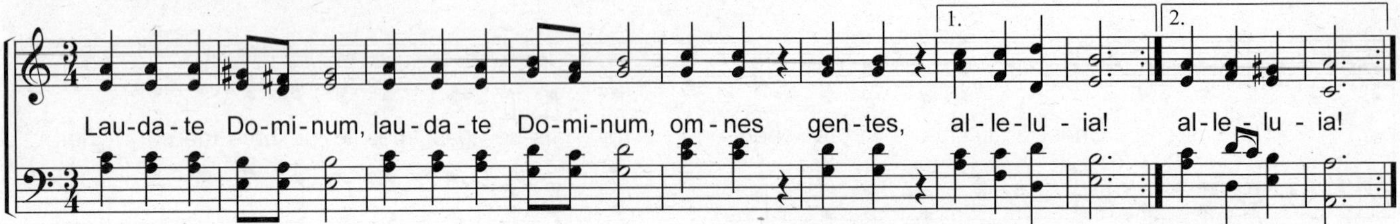

♪ **Sing, praise and bless the Lord**. Sing, praise and bless the Lord. Peo-ples! Na-tions! Al-le-lu-ia! / **Kiit-tä-kää Ju-ma-laa**, kiit-tä-kää Ju-ma-laa, kaik-ki kan-sat hal-le-lu-ja! / **Gie-do-kit Vieš-pa-čiui**, gie-do-kit Vieš-pa-čiui, vi-sos tau-tos, a-le-liu-ja! / **Сла-ві-те Гос-по-да** Сла-ві-те Гос-по-да Всі на-ро-ди, а-ли-лу-я. / **Vegsömum Drottin Guð**, Vegsömum Drottin Guð, allar þjóðir, hallelúja!

(Louez le Seigneur, tous les peuples. / Lobt den Herrn, alle Völker. / Alabad al Señor pueblos todos. / Lodate il Signore tutte le genti./ Wychwalajcie Pana, wszystkie narody. / Восславьте Господа все народы. Аллилуия! *Ps 117, 1*)

11 Oculi nostri

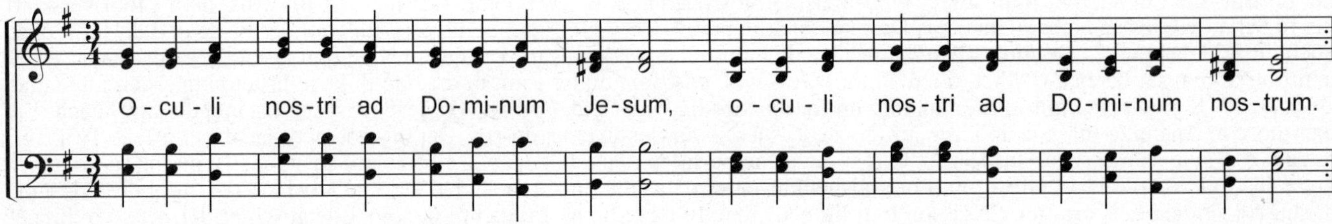

♪ **Our eyes are turned** to the Lord Je-sus Christ.— Our eyes are turned to the Lord God, our Sav-ior. / **A-kys mūs žvel-gia** į Vieš-pa-tį Jė-zų, a-kys mūs žvel-gia į Vieš-pa-tį mū-sų.

(Nos yeux vers le Seigneur Jésus, vers notre Dieu. / Unsere Augen richten sich auf den Herrn Jesus, unsern Gott. / Nuestros ojos miran hacia el Señor Jesús, nuestro Dios. / I nostri occhi verso il Signore Gesù. / Oczy nasze na Pana Jezusa, oczy nasze na Pana naszego. / Наши очи устремлены к Господу Иисусу, наши очи устремлены к Господу нашему. *cf Ps 123, 2*)

De noche

(Ночью пойдем мы, во тьме – в поисках источника. Одна только жажда освещает наш путь. / De nuit nous irons pour trouver la source. Seule nous éclaire la soif.)

♪ **By night**, we has-ten, in dark-ness, to search for— liv-ing wa-ter, on-ly our thirst leads us on-ward, on-ly our thirst leads us on-ward. / **Di not-te‿an-dre-mo**, di not-te, per in-con-tra-re la fon-te, so-lo la se-te c'il-lu—mi-na, so-lo la se-te ci gui-da. / **Ci lën-dëm**, ńu dem, ci lën-dëm, Ba ńu fekk-(a) ndox muy ball mi. Su-ńu mar rekk moo ńuy lee-ral, Su-ńu mar rekk moo ńuy lee-ral.

♪ **In dunk-ler Nacht** woll'n wir zieh-en, le-ben-di-ges Was-ser fin-den. Nur un-ser Durst wird uns leuch-ten, nur un-ser Durst wird uns leuch-ten. / **T'kër-kojm' do ni-se-mi** na-tën bu-ri-min në terr ta gjej-më rru-gën veç e-tja do na e ndris rru-gës veç e-tja do na prij. / **Csak ván-do-ro-lunk** az éj-ben, mert for-rás vi-zé-re vá-gyunk, szom-junk a fény a sö-tét-ben, szom-junk a fény a sö-tét-ben. / **W cie-mno-ści i-dzie-my**, w cie-mno-ści, do źró-dła Two-je-go ży-cia. Tyl-ko pra-gnie-nie jest świat-łem, tyl-ko pra-gnie-nie jest świat-łem. / **Nak-ty mes ieš-ko-me** ke-lio, ku-ris ve-da prie šal-ti-nio, vien šis troš-ki-mas mus ly-di, vien šis troš-ki-mas mus ly-di. / **De noi-te‿i-re-mos em bus-ca** da fon-te de á-gua vi-va. Só nos gui-a‿a nos-sa se - de, só nos-sa se-de nos gui-a.

Veni Creator Spiritus

(Viens, Esprit Créateur. / Ven, Espíritu Creador. / Come, Creator Spirit. / Komm, Schöpfer Geist. / Przybądź, Duchu Stworzycielu. / Прииди, Дух Животворящий.)

14 Tui amoris ignem

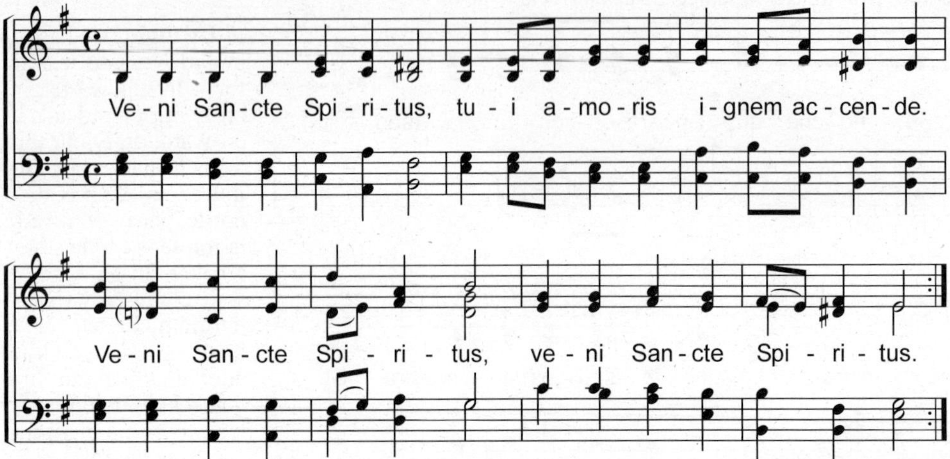

♪ **Ven, Es-pí-ri-tu de Dios** y de tu‿a-mor en-cien-de la lla-ma. Ven Es-pí-ri-tu de‿a-mor. / **Ho-ly Spir-it, come to us**, kin-dle in us the fire of your love. Ho-ly Spir-it, come to us, Ho-ly Spir-it, come to us. / Vem Es-pí-ri-to de‿a-mor, **vem a-cen-der em nós o teu fo-go**. Vem Es-pí-ri-to de‿a-mor, vem Es-pí-ri-to de‿a-mor. / **Šven-to-ji Dva-sia a-teik**, tu sa-vo mei-lės ug-nį už-de-ki. Šven-to-ji Dva-sia a-teik, Šven-to-ji Dva-sia a-teik.

(Viens Saint-Esprit, allume le feu de ton amour. / Komm Heiliger Geist, entzünde das Feuer deiner Liebe. / Vieni, Spirito Santo, accendi il fuoco del tuo amore. / Przyjdź, Duchu Święty, rozpal ogień Twej miłości. / Приими, Святой Дух, зажги огонь Твоей любви.)

15 Ubi caritas

(Where there is charity and love, God is to be found. / Donde hay caridad y amor, allí está Dios. / Où sont la charité et l'amour, Dieu est là. / Wo Güte und Liebe herrscht, da ist Gott. / Там, где милосердие и любовь – там есть Бог.)

♪ **Ten, kur gai-les-tis** ir mei-lė, ten, kur gai-les-tis, Die-vas ten y-ra. / **Tam, gdzie mi-łość jest** i dob-roć, tam, gdzie mi-łość jest, tam— mie-szka Bóg. / 사랑의 나눔 있는 곳에 하느님께서 계시도-다 / ที่ ใด มี ความ รัก และ ความ เมต–ตา ที่ ใด มี ความ รัก พระ เจ้า ประ ทับ อยู่ / **Sa pa-ghi-gug-ma**, a-naa ang Diyos; Sa pa-ghi-gug-ma, a-naa ang— Diyos. / **Di da-lam cin-ta dan ka-sih**, di da-lam cin-ta ha-dir-lah Tu-han. / いつくしみとあいの あるところかみと-もに / **Sa pagmamahal** naroroon ang Diyos. Sa pagmamahal naroroon ang Diyos. / ទីណាមានមេត្តានឹងក្តីស្រឡាញ់ ទីណាមានមេត្តាព្រះអម្ចាស់គង់នៅ ។

Bénissez le Seigneur

♪ **Preist den Herrn, un-sern Gott! / Let us sing to the Lord! / ¡Ben-de-cid al Se-ñor! / Be-ne-di-te‿il Si-gnor! / Loof de Heer on-ze God! / Sjung en lov-sång till Gud! / Ben-di-zei o Se-nhor! / Min-dig áldd az U-rat! / Be-kuar qofsh ti‿o Zot! / Bla-go-sliv-ljaj-te ga! / Vsi slavite Boga! / Chwa-ła Pa-nu i cześć! / Гос-по-де-ві хва-ла!** / 주님 찬양하라 / 主をたたえよ / **Ter-pu-ji-lah Tu-han! / Ro-ri-sang, Mo-re-na! / Du-mi-san N-ko-si! / Pa-ne, chvá-li-me ta! /** ألا مجدي الربْ، ألا مجدي الربْ، ألا مجدي الربْ.

(Благословите Господа! *Dn 3, 57-90*)

17 El Senyor

𝅘𝅥𝅮 **Mei-ne Hoff-nung** und mei-ne Freu-de mei-ne Stär-ke, mein Licht, Chri-stus, mei-ne Zu—ver-sicht, auf dich ver-trau' ich und fürcht' mich nicht, auf dich ver-trau' ich und fürcht' mich nicht. / **In the Lord** I'll be ev-er thank-ful, in the Lord I will re-joice! Look to God, do not be a-fraid. Lift up your voi-ces, the Lord is near. Lift up your voi-ces, the Lord is near. / **Ô ma joie** et mon es-pé-ran-ce, le Sei-gneur est mon chant. C'est de lui que vient le par-don. En lui j'es-pè-re, je ne crains rien. En lui j'es-pè-re, je ne crains rien. / **Il Si-gnor** è la mi-a for-za, e io spe-ro in Lui. Il Si-gnor è‿il Sal—va-tor. In lui con-fi-do, non ho ti-mor, in lui con-fi-do, non ho ti-mor. / **O Se-nhor é a mi-nha for-ça**, ao Se-nhor o meu canto. E-le‿é nos-so sal—va-dor. Ne-le‿eu con-fi-o e na-da temo, ne-le‿eu con-fi-o e na-da temo. / **Zo-ti ësht' e gjithë for-ca i-me**, ndaj dhe un te Ai shpre-soj. Sep-se Zo-ti ësht' shpë-tim-tar Un i be-soj e-dhe nuk kam frik', un i be-soj e-dhe nuk kam frik'. / **Pan jest mo-cą** swo-je-go lu-du. Pieś-nią mo-ją jest Pan. Mo-ja tar-cza i mo-ja moc, On jest mym Bo-giem, nie jes-tem sam. W Nim mo-ja si-ła, nie jes-tem sam. / **Kaž-dý den Pán** mi sí-lu dá-vá, pís-ní mou je můj Pán. On se stal mým spa—se-ním, když krá-čím s ním, ne-mu-sím se bát, když krá-čím s ním, ne-mu-sím se bát. / **Mo-ja mú-drost'** a mo-ja ná-dej, mo-ja pie-seň je Pán. On je Boh a Spa-si-tel-náš, tak sa ne-boj-te, Je-žiš je tu, ne-boj-te sa, ved' náš Pán je tu. / **Jé-zus é-le-tem**, e-rőm bé-kém, Jé-zus tár-sam, örö-möm. Ben-ned bí-zom, Te vagy az Úr; már nincs mit fél-nem mert ben-nem élsz, már nincs mit fél-nem, mert ben-nem élsz. / **Jer Go-spo-din** je mo-ja sna-ga, mo-ja pje-sma, moj mir. On je Bog i Spa—si -telj, u njeg' se u-zdam, ne bo-jim se, u njeg' se u-zdam, ne bo-jim se. / **Толь-ко в Гос-по-де** мо-я ра-дость, толь-ко в Гос-по-де мир, толь-ко в Бо-ге мы силь-ны. Он ря-дом с на-ми, Он слы-шит нас. / **Тіль-ки в Гос-по-ді мо-я ра-дість** Тіль-ки в Гос-по-ді мир Тіль-ки в Бо-зі си-ла мо-я Він по-руч з на-ми, Він чу-є нас. / **Sa Diyos magpapasalamat** sa kanya'y magagalak masdan siya at huwag mangamba siya'y kapiling siya'y Ama. *cf Is 12, 2*

Confitemini Domino **18**

♪ **Sett din lit til Gud**, han er god, e-vig va-rer hans mis-kunn. Sett din lit til Gud, han er god, hal-le-lu-ja. / **Aš pa-si-ti-kiu Vieš-pa-čiu**, nes Jis mums ge-ras. Aš pa-si-ti-kiu Vieš-pa-čiu, a-le-liu-ja. / **Дя-куй-мо у-сі Гос-по-ду**, Він бо є до-брий Дя-куй-мо у-сі Гос-по-ду, А-ли-лу-я.

(Dankt dem Herrn, denn er ist gut. / Dad gracias al Señor porque es bueno. / Give thanks to the Lord for he is good. / Lodate il Signore perché è buono. / Rendez grâce au Seigneur car il est bon. / Dziękujcie Panu, bo jest dobry. / Уповайте на Бога, ибо Он благ. Аллилуия. *Ps 136, 1*)

Magnificat (canon) **19**

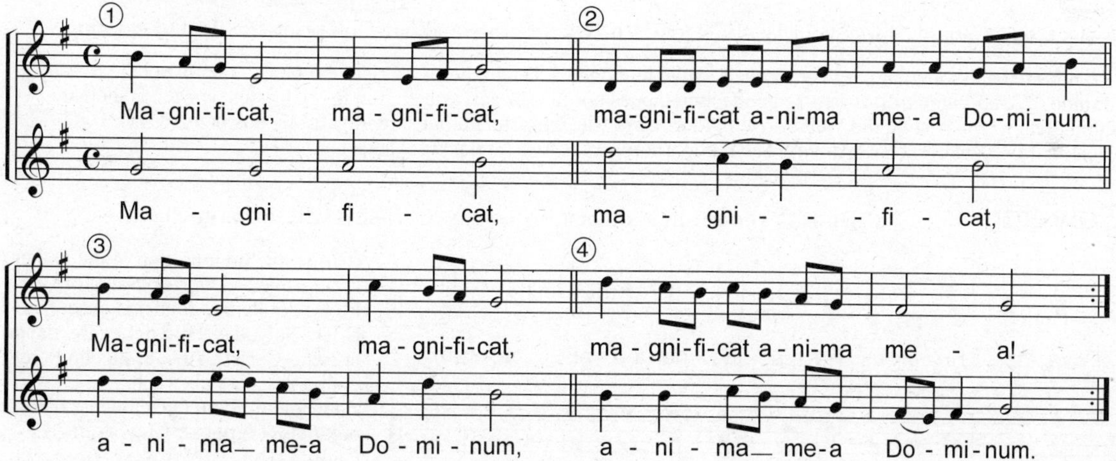

♪ **Sing out my soul**. Sing out my soul. Sing out and glo-ri-fy the Lord who sets us free. Sing out my soul. Sing out my soul. Sing out and glo-ri-fy the Lord God!

(Mon âme magnifie le Seigneur. / Meine Seele preist die Größe des Herrn. / Mi alma engrandece al Señor. / A minha alma glorifica o Senhor. / Uwielbiaj, duszo moja, Pana. / Величит душа моя Господа. *Lc 1, 46*)

20 Adoramus te Christe

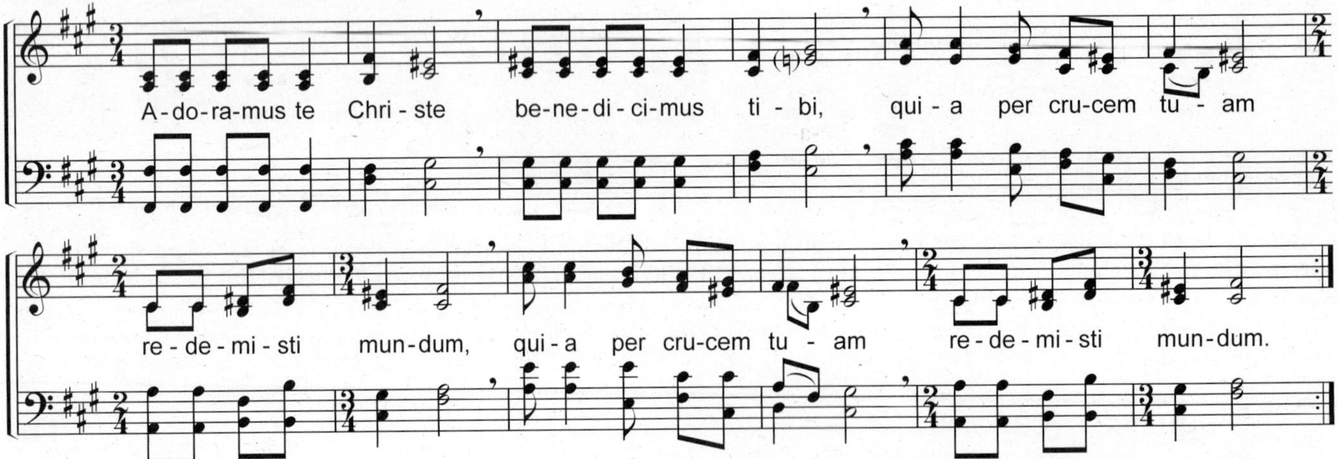

♪ **We a-dore you, Je-sus Christ,** and we bless your Ho-ly Name; tru-ly your cross and pas-sion bring us life and hea-ling.

(Nous t'adorons, Ô Christ, nous te bénissons, car par ta croix tu as sauvé le monde. / Ti adoriamo, o Cristo e ti benediciamo, perché con la tua croce hai redento il mondo. / Te adoramos, oh Cristo, te bendecimos, pues por tu cruz salvaste al mundo. / Christus, wir beten dich an und preisen dich, denn durch dein Kreuz hast du die Welt erlöst. / Adorujemy Cię, Chryste, i błogosławimy Tobie, boś przez Krzyż Twój świat odkupił. / Поклоняемся Тебе, Христе, благословим Тебя, ибо Твоим Крестом Ты искупил мир.)

21 Christe Salvator

♪ **Du bist Ver-zei-hen**, du bist Er-lö-sung, Chri-stus voll Er-bar-men.

(Christ the Saviour, Son of the Father, grant us peace. / Cristo Salvatore, Figlio del Padre, donaci la pace. / Cristo Salvador, Hijo del Padre, danos la paz. / Christ Sauveur, Fils du Père, donne-nous la paix. / Chryste Zbawicielu, Synu Ojca, obdarz nas pokojem. / Христе Спаситель, Сыне Отца, даруй нам мир.)

Veni Creator Spiritus (canon) 22

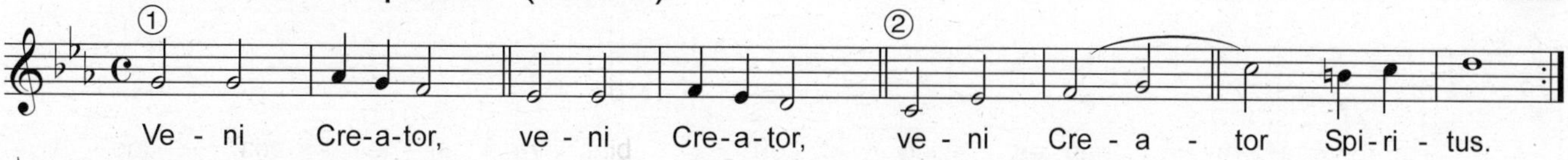

♪ **Come, Cre-a—tor,** Ho-ly Spir—it, come, Cre-a-tor Spir—it, come! / **Licht en wijs-heid**, vuur en sterk-te, kom, o kom, Gij, hei-li-ge Geest. / **Pri-di, Stvar—nik**, pri-di, Stvar-nik, pri-di, Stvar-nik Sve-ti— Duh.

(Viens Esprit Créateur. / Komm, Schöpfer Geist. / Ven Espíritu Creador. / Przybądź, Duchu Stworzycielu. / Прийди, Дух Творец.)

Laudate omnes gentes 23

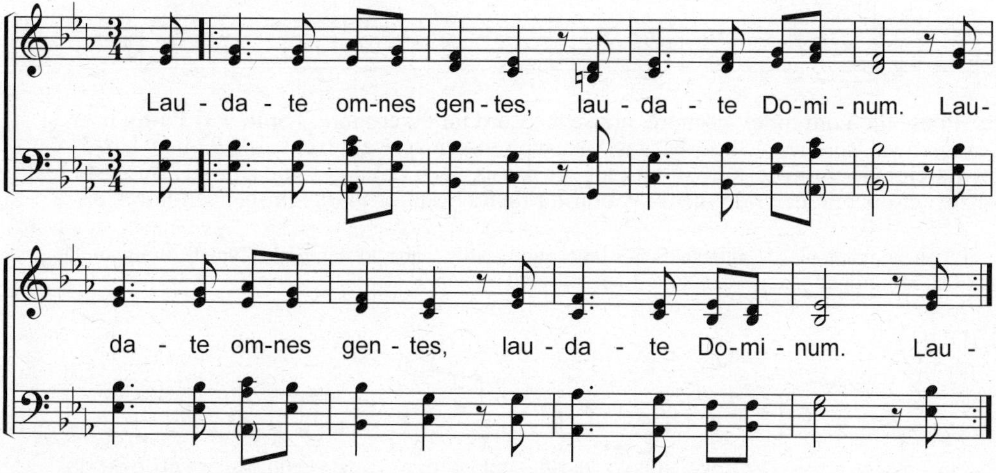

♪ **Sing prai-ses, all you peo-ples**, sing prai-ses to the Lord. / **Sjung lov-sång**, al-la län-der, och pri-sa Her-rens namn! / **Lob-singt, ihr Völ-ker al-le,** lob-singt und preist den Herrn. / **Can-tai to-dos os po-vos**, lou-vai nos-so Se-nhor. / **Que to-do‿el mun-do‿a-la-be,** a-la-be al Se-ñor. Que to-do‿el mun-do‿a-la-be, a-la-be al Se-ñor. / **Gie-do-kit vi-sos tau-tos**, gie-do-kit Vieš-pa-čiui. / **Сла-ві-те, всі на-ро-ди** Сла-ві-те Гос-по-да. / すべてのひとよ主をたたえよ / **Si-fu-ni wa-tu wo-te** si-fu-ni Mwen-ye-zi. / **Oh, kiit-ke nüüd kõik rah-vad**, oh, kiit-ke Ju-ma-lat!

(Louez le Seigneur, tous les peuples. / Lodate il Signore tutte le genti. / Chwalcie Pana, wszystkie narody. / Прославляйте все народы Господа. *Ps 117*)

24 Singt dem Herrn

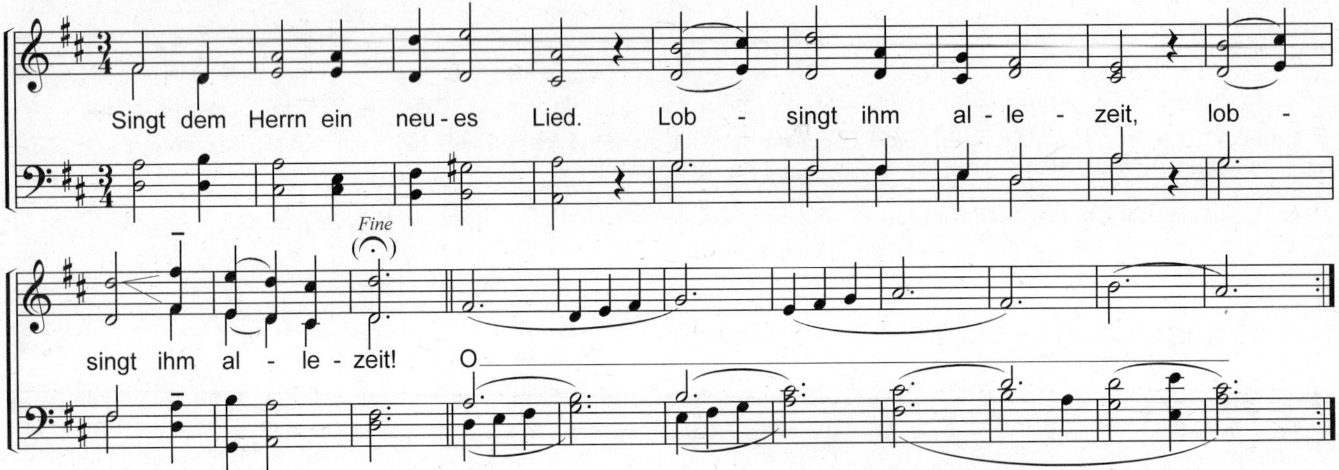

♪ **Sing to God** with joy-ful hearts. Praise the Lord for ev-er-more, praise the Lord for ev-er-more. / **Śpie-waj Pa-nu** no-wą pieśń. Chwal, śpie-waj w każ-dy czas, chwal, śpie-waj w każ-dy czas! / **No-vou pí-seň** zpí-vej-te, chval-te Pá-na v kaž-dý čas, chval-te Pá-na v kaž-dý čas! / **Vieš-pa-čiui gie-do-ki-te**, šlo-vin-kit gies-me nau-ja, šlo-vin-kit gies-me nau-ja! / **Jé-zust é-nek di-csér-je!** Áld-juk min-den i-dő-ben, áld-juk min-den i-dő -ben! / **A bon-da-de do Se-nhor** pa-ra sem-pre can-ta-rei, pa-ra sem-pre can-ta-rei!

(Chantez au Seigneur un chant nouveau. Louez-le toujours! / Cantad al Señor un canto nuevo. ¡Alabadlo siempre! / Cantate al Signore un canto nuovo. Lodatelo sempre! / Воспойте Господу новую песнь! Славьте Его во веки! *Ps 96, 1*)

25 Gloria, gloria (canon)

(Gloire à Dieu au plus haut des cieux. / Gloria a Dios en el cielo. / Glory to God in the highest. / Ehre sei Gott in der Höhe. / Chwała na wysokości Bogu. / Слава в вышних Богу. *Lc 2, 14*)

La ténèbre

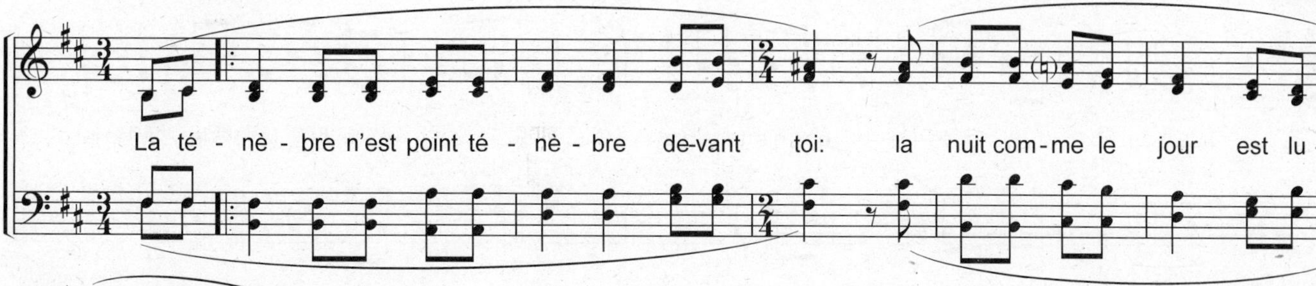

♪ **Que-sta not-te** non è più not-te‿da-van-ti‿a te: il bu-io co-me lu-ce ri-splen-de. / **Our— dark-ness** is nev-er dark-ness in your sight: the deep-est night is clear as the day-light. / **Jor-dens mør-ke** er ik-ke mør-ke Gud, for dig: som da-gens kla-re lys bli-ver nat-ten. / **Mei-e pi-me-dus** po-le pi-me si-nu ees, ja öö on sa-ma val-ge kui päev. / **La ti-nie-bla** ya no‿es ti-nie-bla an-te ti, la no-che co-mo‿el dí-a‿i-lu-mi-na. / **Heel het duis-ter** is vol van luis-ter door uw licht, de nacht is als de dag net zo hel-der. / **Yön— synk-kyys ei o-le yö-tä** si-nul-le. Yö lois-taa kirk-ka-ut-ta-si, Her-ra.

♪ **Nat-tens mør-ke** er ik-ke mør-ke, Gud for deg. Som da-gens kla-re lys skin-ner nat-ten. / **Z To-bą ciem-ność** nie bę-dzie ciem-na wo-kół mnie, a noc, tak jak dzień, za-ja-śnie-je. / **Na-ša te-ma** ni-kdar ni te-mna s te-boj, Go-spod: še noč bo s ta-bo sve-tla ka-kor dan./ **Ni-ti tmi-na** ti ni-je tam-na, Go-spo-de! I noć pred to-bom sja ka-o dan. / **Ve-led ó, U-ram** sö-tét é-jünk nem sö-tét: mert mint a nap-pal, fény-lik az éj-jel. / **Tvo-ja lás-ka-vosť**, Pa-ne, sia-ha k‿ob-la-kom a ver-nosť tvo-ja k vý-ši-nám ne-ba. / **Před te-bou**, Pa-ne, tem-no ztrá-cí sí-lu svou, noc od-chá-zí a den jas-ně zá-ří. / **Ši tam-sa** jau nė-ra tam-sa, kai Tu ša-lia: nak-tis tar-si die-na jau nu-švi-to. / **Jo, kjo na-të** nuk ësht' më na-të kur je ti: err-si-ra por-si drit do ndri-ço-jë. / **Pa-ra ti**, são cla-ras as tre-vas co-mo‿a luz: a noi-te bri-lha tal co-mo‿o di-a. /
ភាពងងឹតលែងងងឹតហើយ នៅមុខព្រះអម្ចាស់យប់ដុចថ្ងៃភ្លឺដោយពន្លឺព្រះអម្ចាស់ ។

(Die Finsternis ist nicht finster für dich. Die Nacht ist licht wie der Tag. / Тьма не темна пред Тобой, и ночь, как день, светла. *Ps 139, 12*)

27 Jubilate, Alleluia

(Acclamate a Dio da tutta la terra! / Acclamez Dieu, toute la terre! / Jauchzt vor Gott, alle Länder der Erde! / Cry out with joy to God, all the earth! / ¡Aclama a Dios, tierra entera! / Wysławiaj Boga z radością, cała ziemio! / Воскликните Богу, вся земля! *Ps 66, 1*)

28 Jésus, ma joie

(Jesus, my joy, my hope and my life. / Jesus, meine Freude, meine Hoffnung und mein Leben. / Jesús, mi alegría, mi esperanza y mi vida. / Gesù, gioia mia, speranza mia e vita mia. / Jezu, moja radości, moja nadziejo i moje życie.)

Ostende nobis (canon)

(choral)

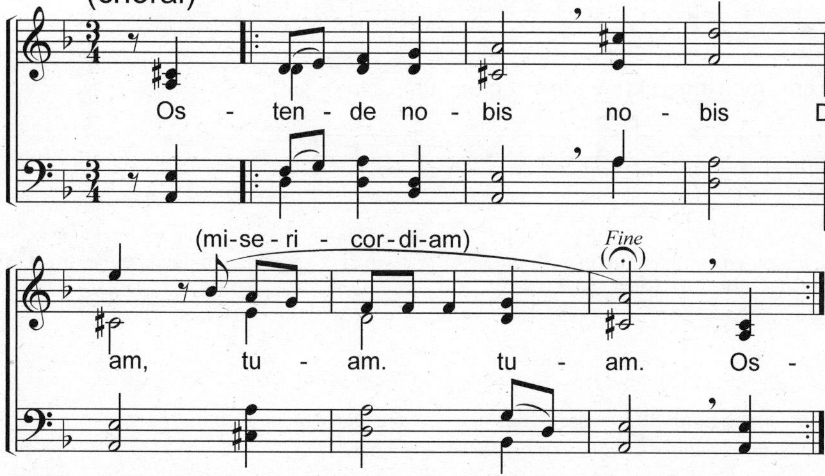

♪ **O-soi-ta meil-le, Her-ram-me**, ar-mah-ta-vai-suu-te-si. Aa-men, aa-men! Ma-ra-na-ta! Ma-ra-na-ta! / **Pa-ro-dyk mums**, o Vieš-pa-tie, gai-les-tin-gu-mą sa-vą-jį. A-men! A-men! Ma-ra-na-ta! Ma-ra-na-ta! / **Po-ka-ži na-ma, Go-spo-de**, do-bro-tu svo-ju i mi-lost. A-men! A-men! Ma-ra-na-tha! Ma-ra-na-tha!

(Montre-nous, Seigneur, ta miséricorde. Amen, viens bientôt. / Mostraci, Signore, la tua misericordia. Amen; vieni presto. / Show us, Lord, your mercy, come soon. / Zeige uns, Herr, dein Erbarmen, Amen, komm bald. / Muéstranos, Señor, tu misericordia. Amén. Ven pronto. / Okaż nam, Panie, miłosierdzie swoje. Amen. Przyjdź wkrótce. / Mostra-nos, Senhor, a tua misericórdia. Amen. Vem, não tardes. / Яви нам, Господи, милосердие свое. Аминь. Маранафа! Прииди, Господи! *Ps 85, 8*)

30 In manus tuas, Pater

♪ **Nas tu-as mãos, ó Pa- i**, en-tre-go_o meu— Es-píri-to. / **Ha-pe-trako** eo_an'-ta-nanao, ny fa-na hi-ko Raï o. / **A-tyám, a Te ke-zed-be** a-ján-lom az én lel-kem.A-tyám, a Te ke-zed-be a-ján-lom az én lel-kem. / У Тво-ї рэ-ки, От-че Сво-уо пе-ре-да-. дэ-ха. / হে পিতা তোমার হাতে অর্পণ করি আমার জীবন।

(Nelle tue mani, Padre, consegno il mio spirito. / Entre tes mains, Père, je remets mon esprit. / In deine Hände, Vater, lege ich meinen Geist. / Into your hands, Father, I commend my spirit. / A tus manos, Padre, encomiendo mi espíritu. / Ojcze, w Twoje ręce powierzam ducha mojego. / Tėve, į tavo rankas atiduodu savo dvasią. / Отче! в руки Твои предаю дух Мой. *Lc 23, 46*)

31 Jubilate Deo (canon)

(Rejoice in the Lord. / Réjouissez-vous dans le Seigneur. / Freut euch im Herrn. / Radujcie się w Panu. / Радуйтесь в Господе. *Ps 66, 1*)

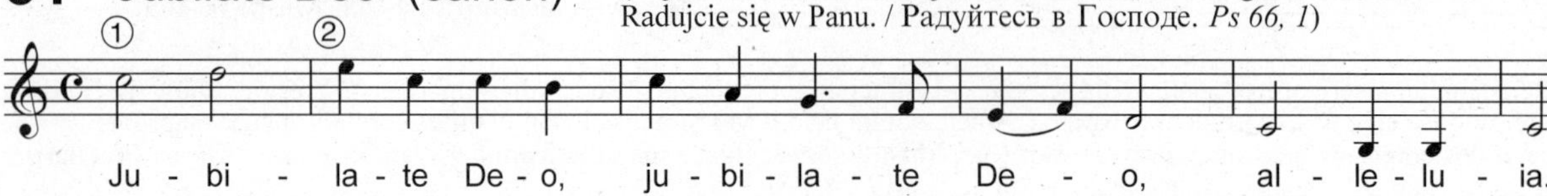

Mon âme se repose

♪ **Bei Gott bin ich ge-bor-gen**, still, wie ein Kind, bei ihm ist Trost— und Heil. Ja, hin zu Gott ver-zehrt sich mei-ne See-le, kehrt in Frie-den ein. / **In God a-lone** my soul can find rest and peace, in God my peace and joy. On-ly in God my soul can find its rest,— find its rest— and peace. / **Min sjel får hvi-le** ut i still-het hos Gud, hans fred— fyl-ler mitt sinn. Ba-re hos Her-ren fin-ner sje-len hvi-le, fin-ner fred hos Gud. / **En ti, Se-ñor**, re-po-sa to-do mi ser. He si-do‿a-ma-do por ti. Sí, só-lo‿en ti se‿a-lum-bra la‿es-pe-ran-za. En ti só-lo, Se-ñor. / **A mi-nh'al-ma des-can-sa**‿em paz, no Se-nhor, que‿é fon-te de sal-va-ção. Sim, só em Deus des-can-sa‿a mi-nh'al-ma: ne-le‿en-con-tra‿a paz. / **Jen Bůh** mé du-ši dá-vá spá-su a mír, jen s‿ním při-chá-zí mír. Dá spo-či-nout mé du-ši v Bo-žím smí-ru, spá-sa má— je s ním. / **Ty dasz mi po-kój ser-ca,** Pa-nie— mój, bo Tyś zba-wie-niem mym. Tak, w To-bie znaj-dzie po-kój du-sza mo-ja, i u-ci-szy się. / **A lel-kem csak az Úr-nál** csen-de-sül el, az Úr-ban bé-ke vár. Csak ná-la lel-het nyu-go-dal-mat lel-kem, ná-la bé-ke vár. / **U Bo-gu du-ša mo-ja** na-la-zi mir, u nje-mu sav moj je spas. Da, sa-mo u njem' na-la-zim svoj mir,— na-da on mi je sva! / **Ra-my-bę sie-la ran-da** Vieš-pa-ty-je: pa-guo-da mū-sų Jis. Vieš-pa-ty-je ra-my-bę sie-la ran-da: mūs pa-guo-da Jis. / **Мо-я ду-ша зна-хо-дить** спо-кій і мир Ли-ше у Гос-по-ді Він є твер-ди-ня і ду-ші спа-сін-ня У-ті-ши-тель Він. / **In Di-o tro-vo pa-ce**, la pa-ce del cuor, da Lui la mia sal-vez-za. Sì in Dio so-lo l'a-ni-ma ri-po-sa in pa-ce. *Ps 62, 2*

(Моя душа только в Боге находит покой. В Нем - мое спасение.)

33 Nunc dimittis

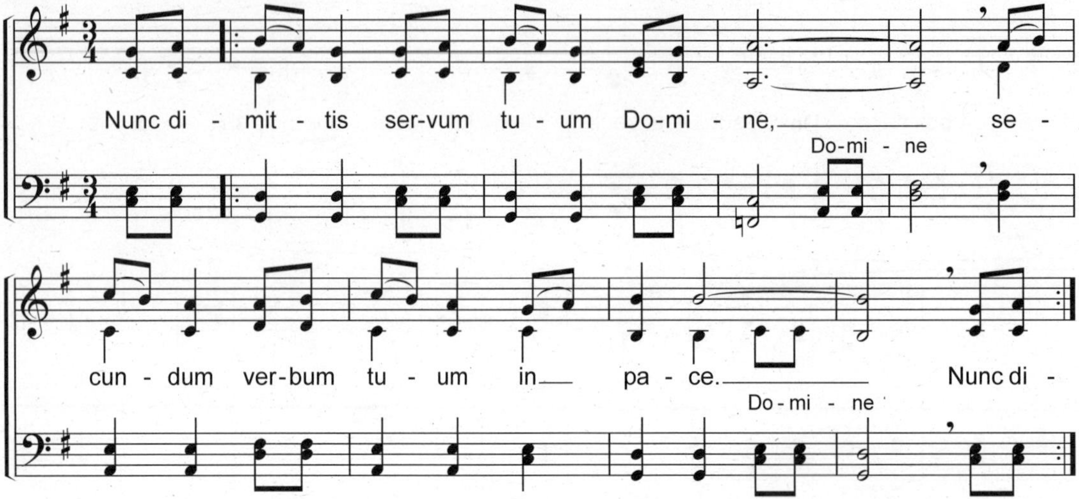

(Maintenant, Seigneur, tu peux laisser ton serviteur s'en aller en paix selon ta parole. / Nun läßt du, Herr, deinen Diener nach deinem Wort in Frieden scheiden. / Ahora, Señor, según tu promesa, despides a tu siervo en paz. / Ora lascia, o Signore che il tuo servo vada in pace secondo la tua parola. / Teraz, Panie, pozwól odejść swojemu słudze w pokoju. / Ныне отпущаеши раба Твоего, Владыко, по слову Твоему с миром. *Lc 2, 29*)

♪ **Let your ser-vant now— go in peace,** O— Lord,— now— go in peace ac—cord-ing to your word.— / **Dei-xa‿a-go-ra** o teu ser-vo ir em paz, se - gun - do‿a tua pa-la-vra, ó Se-nhor!—

34 Mane nobiscum

(Reste avec nous, Seigneur Jésus Christ. / Stay with us, Lord Jesus Christ. / Quédate con nosotros, Señor Jesucristo. / Bleibe bei uns, Herr Jesus Christus. / Pozostań z nami, Panie Jezu Chryste. / Resta con noi, Signore Gesù Cristo. *Lc 24,29*)

Bonum est confidere

35

♪ **Ir tik la-bi pa-ļau-ties** uz Te-vi Kungs, ir la-bi ce-ret uz Te-vi, Kungs. / **Бла-гом є на-ді-я-тись на Гос-по-да** Бла-гом по-ві-ри-ти в Гос-по-да. / 주의 손에 오늘도 내 영–혼을 내 영혼을– 맡기나–이다 / 信任上-主- 是多麼- 美好。 期望 上主-是何等- 美妙。

(Il est bon de se confier et d'espérer dans le Seigneur. / Gut ist es, dem Herrn zu vertrauen, auf ihn zu hoffen. / Bueno es confiar y esperar en el Señor. / It is good to trust and hope in the Lord. / É bom confiar e esperar no Senhor. / Buono è confidare e sperare nel Signore. / Dobrze jest zaufać Panu, dobrze jest mieć w Panu nadzieję. / Хорошо доверять Господу и надеяться на Него. *cf Ps 117, 8-9*)

Spiritus Jesu Christi

* *Dominus Jesus Christus*

36

♪ **Kris-tus är liv och An-de**, kär-le-ken finns hos ho-nom, han fyl-ler vå-ra hjär-tan; han fyl-ler vå-ra hjär-tan. / **Jė-zaus Dva-sia ir mei-lė**, Kris-taus Dva-sia ir mei-lė su-stip-rins šir-dį ta-vo, su-stip-rins šir-dį ta-vo. / **Хай бла-гий Дух І-су-са** Хай бла-гий Дух лю-бо-ві Зміц-нить тво-є сер-це Зміц-нить тво-є сер-це

(Que l'Esprit de Jésus Christ, esprit d'amour, confirme ton cœur. / May the Spirit of Christ Jesus, the Spirit of love, strengthen your heart. / Der Geist Jesu Christi, der Geist der Liebe, stärke dich im Herzen. / Lo Spirito di Gesù Cristo, spirito d'amore, confermi il tuo cuore. / El Espíritu de Jesucristo, espíritu de amor, confirme tu corazón. / Niech Duch Jezusa Chrystusa, Duch miłości, umocni twoje serce. / Дух Иисуса Христа, Дух милосердия, да укрепит твое сердце.)

37 Jesus, remember me

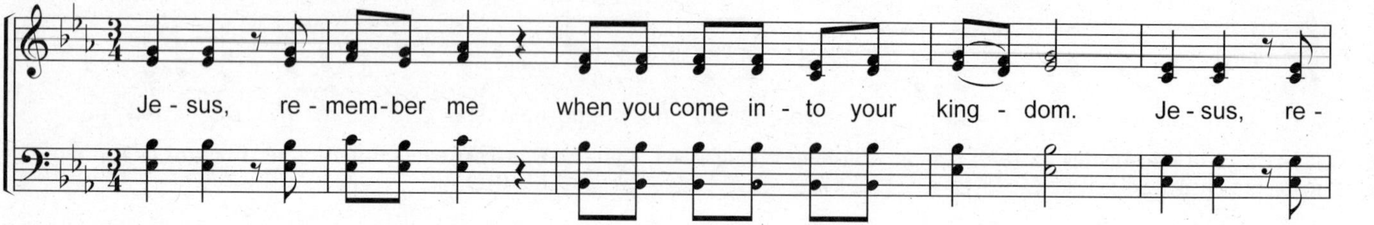

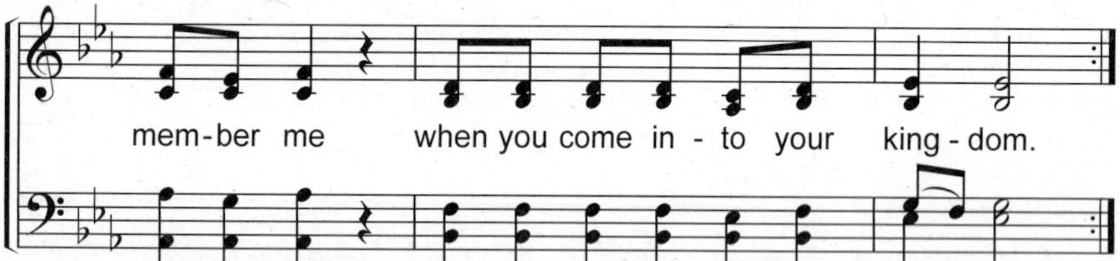

(Jesus, denk an mich, wenn du in dein Reich kommst./ Jésus, souviens-toi de moi quand tu viendras dans ton Royaume. / Помяни меня, Господи, когда приидешь во Царствие Твое. *Lc 23, 42*)

♪ **Cris-to re-cuér-da-me** cuan-do en-tres en tu Rei-no. Cris-to re-cuér-da-me cuan-do en-tres en tu Rei-no. / **Jėzau, at-mink ma-ne** sa-vo Tė-vo Ka-ra-lys-tėj. Jė-zau, at-mink ma-ne sa-vo Tė-vo Ka-ra-lys-tėj. / **Je-zu, w kró-les-twie Twym** wspom-nij na swo-je-go słu-gę. / **Chri-sto, ri-cor-da-mi**, quan-do‿an-drai nel tu-o re-gno. Chri-sto, ri-cor-da-mi, quan-do‿an-drai nel tu-o re-gno. / **Je-sus, Fi-lho de Deus**, no teu Rei-no, lem-bra-te de mim. / **Jesús, ó, minnstu mín**, er þú kemur í þitt ríki.

38 Psallite Deo

(Chantez et jouez pour Dieu. / Singt Gott und spielt ihm. / Cantad y tocad para Dios. / Cantate ed inneggiate a Dio. / Śpiewajcie i grajcie Bogu. / Пойте и играйте Богу. *Ps 47, 7*)

♪ **This is the day** the Lord has made! Al-le-lu-ia, al-le-lu-ia.

Tu sei sorgente viva

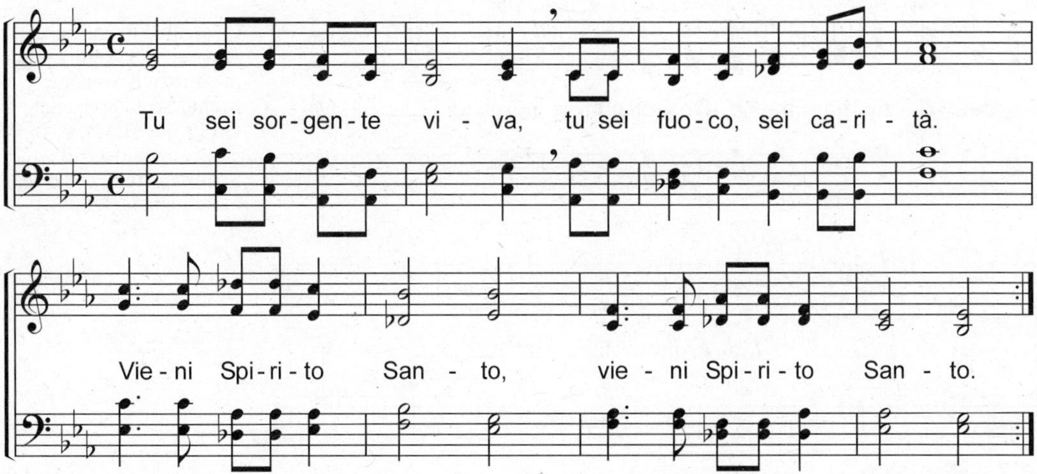

♪ **Du bist der Quell des Le-bens**, du bist Feu-er, Wär-me und Licht. Komm zu uns, Geist der Lie-be, wohn in uns, Geist der Freu-de. / **Ty jes-teś źró-dłem ży-cia**, roz-pal w nas mi-łoś-ci swej żar. Przy-bądź Du-chu Świę-ty, Przy-bądź Du-chu Świę-ty.

(Tu es la source vive, tu es le feu, la charité. Viens, Saint-Esprit. / You are the living source; you are fire and love. Come, Holy Spirit. / Tú eres fuente viva. Tú eres fuego, caridad. Ven, Espíritu Santo.)

Surrexit Christus

♪ **The Lord is ri-sen** al-le-lu-ia. Sing out and praise the Lord, al-le-lu-ia. / **Jau kėlės Kris-tus** a-le-liu-ja! Gie-do-kim Vieš-pa-čiui a-le-liu-ja!

(Christ est ressuscité. Chantez au Seigneur. / Christus ist auferstanden. Singt dem Herrn. / Cristo resucitó. Cantad al Señor. / Cristo è risorto. Cantate al Signore. / Cristo ressuscitou. Cantai ao Senhor. / Chrystus Zmartwychwstał! Śpiewajcie Panu! / Христос воскрес! Воспевайте Господу!)

41 Magnificat (choral)

(Mon âme magnifie le Seigneur. / L’anima mia magnifica il Signore. / Meine Seele preist die Größe des Herrn. / Mi alma engrandece al Señor. / Wielbi dusza moja Pana. / Величит душа моя Господа. *Lc 1, 46*)

♪ **Sing out my soul,** my heart re-joi-ces in the Lord! O Sing out my soul! O Sing out my soul! / **Can-ta‿a mi-nh’al-ma**‿as ma-ra-vi-lhas do Se-nhor. O Ma-gni-fi-cat. O Ma-gni-fi-cat. / **Te gar-bi-na** ma-no-ji sie-la Vieš-pa-tį. Te gar-bi-na. Te gar-bi-na.

42 Da pacem ... in diebus (canon)

♪ **Grant us your peace, O Lord,** grant us your peace, O Lord, may it fill all our days.

(Donne la paix, Seigneur Christ, en notre temps. / Da la paz, Señor Cristo, en nuestros dias. / Dona la pace, Signore Cristo, ai nostri giorni. / Gib Frieden, Herr, in unseren Tagen. / Panie, Chryste, daj pokój naszym czasom. / Даруй, Господи, мир, даруй, Христе, мир во дни наши. *cf Sir 50, 23*)

Veni Lumen (choral) 43

♪ **Come, Ho-ly Spir-it, Com-fort-or.** Come, Cre-a-tor Spir-it! Come! Come and— lead us with your light!

(Viens, Esprit créateur. Viens, lumière des cœurs. / Vieni Spirito creatore. Vieni, luce dei cuori. / Ven, Espíritu creador. Ven, Luz de los corazones. / Komm, Schöpfer Geist. Komm, Licht der Herzen. / Przybądź, Duchu Stworzycielu. Przybądź, światłości serc. / Прийди, Дух Творец. Прийди, свет сердец.)

Adoramus te O Christe 44

* *Adoramus te Domine*

♪ โอ้ เชิญ น-มัส-(ะ) การ องค์ พระ เจ้า
오 주를 찬미하나이다
ओ वन्दना करते हे प्रभु ।
Ka-mi me-mu-ji-Mu Tu-han.
哦 我們敬拜祢 主耶穌。
We a-dore you, Lord Je-sus Christ.
По-кло-няй-мось, Хрис-те, То-бі.

(Nous t'adorons, O Christ. / Christus, wir beten dich an. / Te adoramos, oh Cristo. / Noi ti adoriamo, o Cristo. / Adorujemy Cię, Chryste. / Поклоняемся Тебе, Христе.)

45 Christus resurrexit

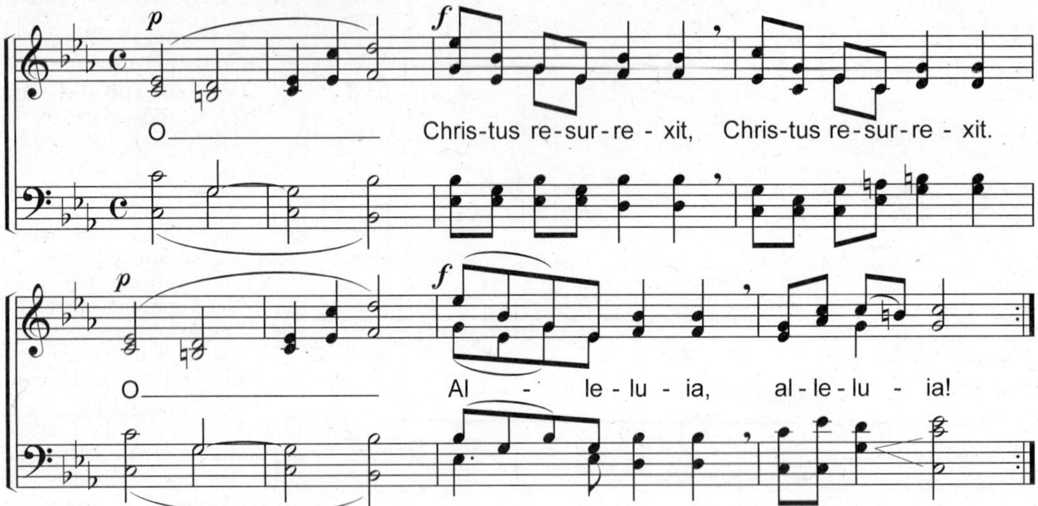

♪ **Je-sus Christ is ris-en,**
Je-sus Christ is ris-en.
Al-le-lu-ia, Al-le-lu-ia. /
Kristus er oppstanden,
Kristus er oppstanden.
Halleluja, halleluja!

(Christ est ressuscité.
Christus ist auferstanden.
Cristo ha resucitado.
Cristo è risorto.
Chrystus Zmartwychwstał.
Христос воскрес.
Аллилуйя!)

46 In te confido

(Jésus Christ, j'ai confiance en toi. / Jezu Chryste, ufam Tobie. / Gesù Cristo, in te confido. / Jesus Christus, auf dich vertraue ich. / Иисусе Христе, на тебя уповаю.)

♪ **Christ of com-pas-sion.** Lord God, I trust you. / **Je-su-cris-to,** en ti con-fí-o. / Je-sus— Cris-to, **em ti con-fi-o.**

Benedictus Dominus Deus

(Béni soit le Seigneur qui a visité et délivré son peuple. / Blessed be the Lord who visits and redeems his people. / Gepriesen sei der Herr, er hat sein Volk besucht und erlöst. / Bendito sea el Señor, porque ha visitado y redimido a su pueblo. / Niech będzie uwielbiony Pan, Bóg, że lud swój nawiedził i wyzwolił. *Luc 1,68*)

48 Crucem tuam

(Nous adorons ta croix, Seigneur. Nous louons ta résurrection. / We adore your cross, Lord. We praise your resurrection. / Dein Kreuz, Herr, verehren wir. Deine Auferstehung preisen wir. / Adoramos tu cruz, Señor. Alabamos tu resurrección. / Noi adoriamo la tua Croce, Signore. Noi lodiamo la tua Risurrezione. / Adorujemy Krzyż Twój, Panie, wysławiamy Twoje Zmartwychwstanie. / Кресту Твоему поклоняемся, Господи, и славим твое Воскресение.)

49 Surrexit Dominus vere (canon)

(Le Seigneur est vraiment ressuscité, le Christ est ressuscité aujourd'hui. / Der Herr ist wahrhaft auferstanden. Christus ist heute auferstanden. / El Señor verdaderamente ha resucitado. Cristo ha resucitado hoy. / Chrystus naprawdę zmartwychwstał. Chrystus dzisiaj zmartwychwstał. / Господь воистину воскрес, аллилуйя. Христос воскрес сегодня, аллилуйя. *Lc 24, 34*)

♪ **Je-sus, the Lord,— is ris-en!** Al-le-lu-ia, al-le-lu-ia. Je-sus, the Lord, is ris-en to-day! Al-le-lu-ia, al-le-lu-ia. / **Chris-tus is waar-lijk ver-re-zen**. Al-le-lu-ja, al-le-lu-ja. De Heer is he-den op-ge-staan. Al-le-lu-ja, al-le-lu-ja. / **Jau pri-si-kė-lė** mūs Viešpats. A-le-liu-ja, a-le-liu-ja. Kė-lė-si Kris-tus iš mir-ties. A-le-liu-ja, a-le-liu-ja. / **U-me-fu-fu-ka we Ye-su**. Al-le-lu-ia, al-le-lu-ia. / উঠেছেন প্রভু যীশু মৃত্যুঞ্জয় তিনি আল্লেলুইয়া আমাদের মধ্যে নিত্য আছেন জীবনের প্রভু আল্লেলুইয়া।

Nada te turbe

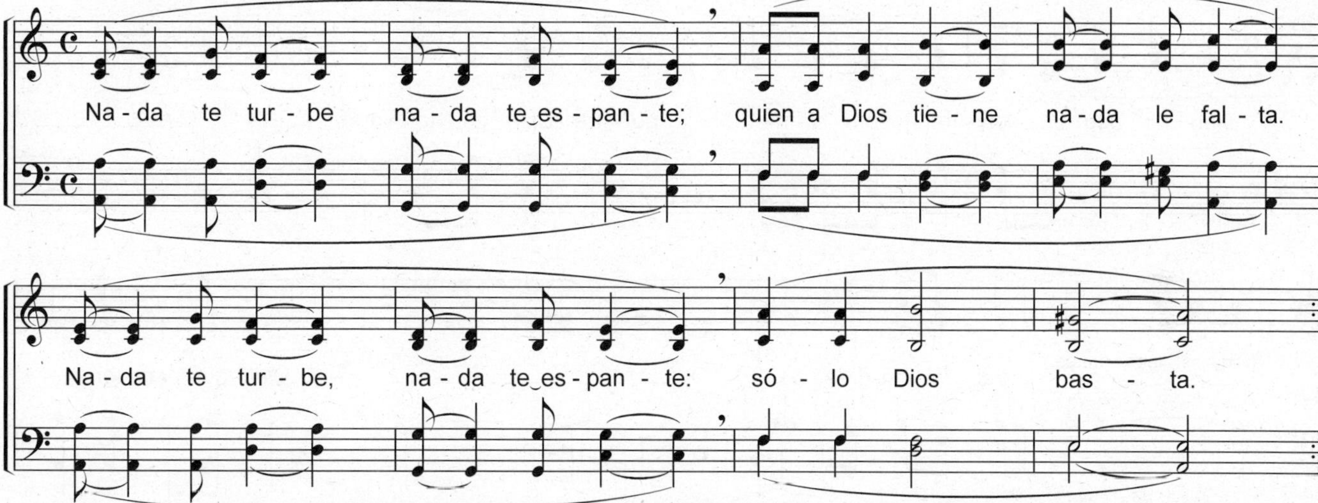

♪ **No-thing can trou-ble**, no-thing can frigh-ten. Those who seek God shall ne-ver go want-ing. God a-lone fills us. / **Frykt ik-ke me-re**, vær ei be-kym-ret. Vend deg til Je-sus, se, Her-ren le-ver! Frykt ik-ke me-re, vær ei be-kym-ret. Gud er full av nå-de! / **Ne félj, ne ag-gódj**, ne sírj ne bán-kódj: ha ti-éd Is-ten, ti-éd már min-den. Ne félj, ne ag-gódj, ne sírj ne bán-kódj: e-lég Ő né-ked. / **Nien-te ti tur-bi**, nien-te ti spa-ven-ti: chi— ha Di-o, nien-te gli man-ca. Nien-te ti tur-bi, nien-te ti spa-ven-ti: so-lo Dio bas-ta. / **Już się nie lę-kaj**, po-rzuć zmar-twie-nia. Bo-gu za-u-faj, nic ci nie gro-zi. Już się nie lę-kaj, po-rzuć zmar-twie-nia. Bóg mi-łoś-cią jest. / **Nič te ne mo-ti**, nič ne vzne-mir-ja; če mu za-u-paš, nič ti ne manj-ka. Nič te ne mo-ti, nič ne vzne-mir-ja, saj do-volj je Bog. / **Za-što taj ne-mir**, za-što tje-sko-ba? Bog je pored te-be, vje-ruj u mi-lost. Vje-ruj u lju-bav u-skrs- log Kri-sta, za nje-ga ži-vi! / 두려워 말라 걱정을 말라 주님 계시니 아쉬움 없네 두려워 말라 걱정을 말라 주님 안에서 / 不再有憂慮，不再有害怕； 與主在一起，什麼都不缺。 不再有憂慮，不再有害怕；有主就滿足。 / **Bul ra-gal da-ra**, bul xa-laat da-ra, Boo am-ee Yàl-la, ñak-ku-loo da-ra, Bul ra-gal da-ra, bul xa-laat da-ra, Yàl-la rekk doy-na! / பயம் கொள்ள வேண்டாம் கலக்கமும் வேண்டாம் தேவன் இருந்தால் நாம் பயம் கொள்ள வேண்டாம் கலக்கமும் வேண்டாம் தேவன் ஒன்றே போதும்.

(Que rien ne te trouble, que rien ne t'effraie: Qui a Dieu ne manque de rien. Seul Dieu suffit. / Nichts beunruhige dich, nichts ängstige dich: wer Gott hat, dem fehlt nichts. Gott allein genügt. / Пусть ничто тебя не беспокоит, ничто не страшит: у кого есть Бог – у того есть все, иметь только Бога – этого достаточно. *Ste Thérèse d'Avila*)

51 Dieu ne peut que donner son amour

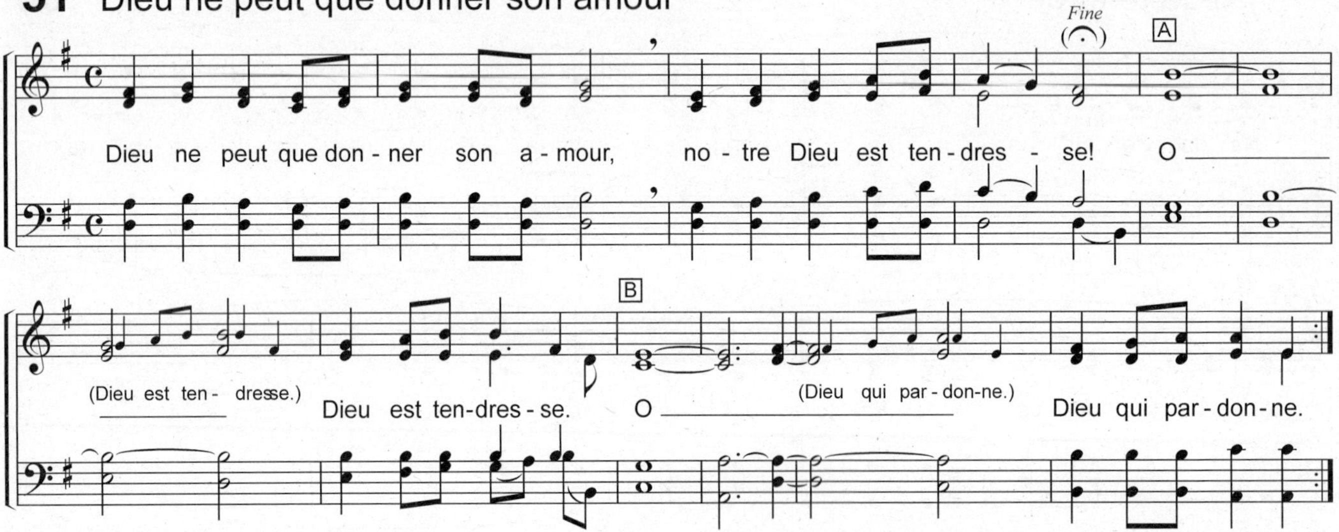

♪ **God can on-ly— give** faith-ful love: ten-der-ness and for-give-ness! O God ev-er car-ing. O God who for-gives us. / **Wer Gott sucht**, fin-det Lie-be bei ihm, Lie-be nur und Er-bar-men. Gott ist Er-bar-men. Gott ist Ver-ge-bung. / **Dios no puede mas que dar**-nos su‿a-mor, nues-tro Dios es ter-nu-ra. O Dios es ter-nu-ra. O Dios nos per-do-na. / **Dio non può che do-na-re**‿il suo‿a-mor, Di-o è te-ne-rez-za. Dio è a-mo-re. Dio è per-do-no. / **Gud vill bä-ra oss ömt i sin hand**, Gud vill ge oss sin kär-lek. Gud som är kär-lek. Gud, som för-lå-ter. / **Deus só nos po-de dar o seu a-mor**, o Se-nhor é bon-da-de! Deus é bon-da-de. Ele que per-do-a. / **Die-vas ga-li tik mei-lę mums duot**: Die-vas mums ma-lo-nin-gas! O Jis ma-lo-nin-gas. O Jis mums at-lei-džia. / **Jó-sá-gos, sze-líd Is-ten az Úr**, ir-gal-mas, sze-ret min-ket! O Ő sze-ret min-ket! O Is-ten a jó-ság! / **Bog mo-že sa-mo lju-bav nam dat'**, on je sa-ma do-bro-ta! O Bog je do-bro-ta. O Bog nam sve pra-šta. / **Mi-ło-sier-ny i do-bry jest Pan**, Bóg łas-ka-wy i wier-ny. Bóg jest Do-bro-cią! Bóg jest Mi-łoś-cią. / 上主只能給予祂的-愛， 主祢心懷仁愛寬- 恕! 哦 主祢是仁愛， 哦 主祢是寬恕。/ **Do-brý Boh mô-že len lás-ku dat'**, lás-ku, kto-rá od-púš-t'a. Ó Náš Boh je ne-ha. Ó Náš Boh od-púš-t'a.

(Бог может дать только Свою любовь, наш Бог милосерд, Он прощает.)

Veni Sancte Spiritus **52**

(Come, Holy Spirit. / Viens, Saint Esprit. / Ven, Espíritu Santo. / Komm, Heiliger Geist. / Vem, Espírito Santo. / Przybądź, Duchu Święty. / Приди, Дух Святой.)

Dona la pace **53**

♪ **U-runk mi te-ben-ned** bí-zunk, a bé-két add meg ne-künk, ké-rünk, U-runk, mi te-ben-ned bí—zunk, adj né-künk bé-két! / **Dy-ro dang-nef-edd** o Ar-glwydd i'r sawl a gred y-not ti. Dy-ro, dy-ro dang-nef-edd o Ar-glwydd, dy-ro dang-nef-edd. / **Ob-darz nas, Pa-nie, po-ko-jem**, bo my wie-rzy-my w Twą moc. Pa-nie, u-dziel nam Du-cha swo-je-go, Du-cha po-ko-ju. / **Fa-lja ti pa-qen** o Zo-ot a tij që be-son në ty, fa-lja-fa-lja ti pa-qen o Zo-ot fa-lja ti pa-qen. / **Aos que con-fi-am em ti**,— Se-nhor, dá a tu-a paz. A paz aos que con-fi-am em ti.— Dá-lhes a tu-a paz.

(Donne la paix, Seigneur, à qui se confie en toi. / Give peace, Lord, to those who trust in you. / Gib Frieden, Herr, dem, der dir vertraut. / Da la paz, Señor, a quien confía en tí. / Даруй мир, Господи, уповающим на Тебя.)

54 Toi, tu nous aimes

(Ты любишь нас, Источник жизни.)

♪ **Gott al-ler Lie-be**, Quel-le des Le-bens. / **Dios tú nos a-mas**, fuen-te de vi-da. / **Lord God, you love us**, source of com-pas-sion. / **Cris-to Si-gno-re, fon-te di vi-ta.** / O teu a-mor é **fon-te de vi-da**. / **God, U bent lief-de**, bron van het le-ven. / **Ty nas mi-łu-jesz**. Tyś źró-dłem ży-cia. / **Tu, mūsų mei-le,** gy-vas šal-ti-ni. / **Ti, ki nas lju-biš**, vir si živ-lje-nja. / **Da, ti nas lju-biš**, vre-lo ži-vo-ta. / **Jöjj el Úr Jé-zus**, é-let for-rá-sa! / 생명의 샘물 사랑의 주님 / 主，祢愛我們，生命之源- / **Ha-nya Eng-kau-lah**, sum-ber cin-ta-ku. / ईश्वर तू प्रेम है, जीवन का सोता ।

55 Da pacem cordium (canon) ** Da pacem Domine*

(Donne la paix du cœur, donne la paix. / Dona la pace del cuore, dona la pace. / Give peace to our hearts. / Gib den Frieden des Herzens. Gib Frieden. / Da la paz del corazón. Da la paz. / Daj pokój serca. / Даруй мир сердцам нашим.)

Sanctum nomen Domini — 56

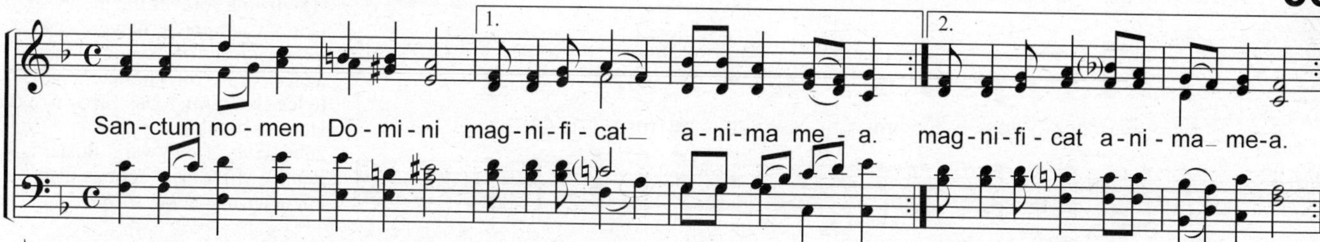

♪ **Lou-va‿o no-me do Se-nhor**. Lou-v'ó mi-nh'al-ma‿o san-to no-me de Deus. Lou-va‿o no-me do Se-nhor. Lou-v'ó mi-nh'al-ma o no-me de Deus. / **Šven-tas var-das** Vieš-pa-ties – šlo-vin-ki, sie-la, šlo-vin-ki Die-vą. Šven-tas var-das Vieš-pa-ties – šlo-vin-ki, sie-la, Vieš-pa-tį. / **Mo-yo wan-gu na-si-fu** ji-na la Mun-gu ji-na la Bwa—na.

(My soul magnifies the holy name of the Lord. / Mon âme magnifie le saint nom du Seigneur. / Meine Seele preist den heiligen Namen des Herrn. / Mi alma celebra el santo nombre del Señor. / Wielbi dusza moja święte Imię Pana. / Величит душа моя святое Имя Господа.)

Vieni Spirito creatore (canon) — 57

(Viens, Esprit Créateur. / Прииди, Дух Творец.)

♪ **Come and pray in us,** Ho-ly Spir-it, come and pray in us, come and vis-it us, Ho-ly Spir-it, Spir-it, come, Spir-it, come. / **Geist der Zu-ver-sicht,** Quel-le des Tro-stes, komm und stär-ke uns, Geist der Hei-lig-keit, Quel-le der Frei-heit, Trö-ster Geist, Schöp-fer Geist. / **Ven Es-pí-ri-tu**, fuen-te de vi-da. Ven, ven, ven Se-ñor. Ven Es-pí-ri-tu, fuen-te de vi-da. Ven Se-ñor, ven Se-ñor. / **Saa-vu Luo-jam-me**, e-lä-män Hen-ki! Saa-vu, saa-vu! Saa-vu Luo-jam-me, e-lä-män Hen-ki! Saa-vu, saa-vu! / **Przy-bądź, Du-chu** Stwo-rzy-cie-lu, przy-bądź, przy-bądź, przyjdź i uś-więć nas, Du-chu Świę-ty, przy-bądź, przy-bądź! / **Pri-di, Sve-ti Duh**, Stvar-nik živ-lje-nja, pri-di, pri-di. Pri-di Sve-ti Duh, Stvar-nik živ-lje-nja, pri-di, pri-di. / **Xel mu sell-(a) mi**, Wàc-cal ci xol yi, Wàc-cal, wàc-cal. Xel mu sell-(a) mi, Wàc-cal ci xol yi, Wàc-cal, wàc-cal ! Xel mu sell mi. / **O a-tei-ki, Dva-sia Kū-rė-jo**, a-teik, a-teik, o a-tei-ki, Dva-sia Kū-rė-jo.

58 Misericordias Domini

(I will sing forever the mercy of God. / Cantaré eternamente las misericordias del Señor. / Les miséricordes du Seigneur à jamais je les chanterai. / Das Erbarmen des Herrn will ich ewig preisen. / Będę zawsze wyśpiewywał miłosierdzie Pana. / Милость Господа буду воспевать вовеки. *Ps 89, 2*)

♪ **Guds un-der-ful-le** barm-hjer-tig-het er til e-vig tid min sang. / **Do-vije-ka pje-vaj-te** ve-li-kom mi-lo-sr-đu Go-spod-njem. / **Go-spo-do-vo— u-smi-lje-nje** bom o-pe-val ve-ko-maj. / **Gai-les-tin-gu-mą mūs Vieš-pa-ties** aš per am-žius šlo-vin-siu. / **U-tu-hu-ru-mi-e ee Bwa-na** tu-ku-si-fu da-i-ma. / **Зав-жди спі-ва-ти-му** Бо-гу честь Ми-ло-сти-вий бо Гос-подь. / 주님의 자비를 영원히 노래하나이-다

59 Venite, exultemus Domino

♪ **O come and let us sing to God**— our hope. God's mer-cy is for-ev-er. / **A-tei-kit, džiū-gau-ki-me Vieš-pa-čiu**, a-tei-kit jį pa-gar-bint. / הודו ליהוה כי טוב | כי לעולם חסדו:

(Venez, crions de joie pour le Seigneur, venez, adorons. / Kommt, lasst uns jubeln vor dem Herrn, kommt, lasst uns anbeten. / Venite, inneggiamo al Signore, venite, adoriamo. / Venid, cantemos gozosos al Señor. Venid, adoremos / Przyjdźcie, radośnie śpiewajmy Panu, przyjdźcie, uwielbiajmy. / Dođite, kličimo Gospodinu, dođite, poklonimo se. / Прийдите, воспоем Господу, прийдите, поклонимся. *Ps 95, 1, 6*)

O Christe Domine Jesu

60

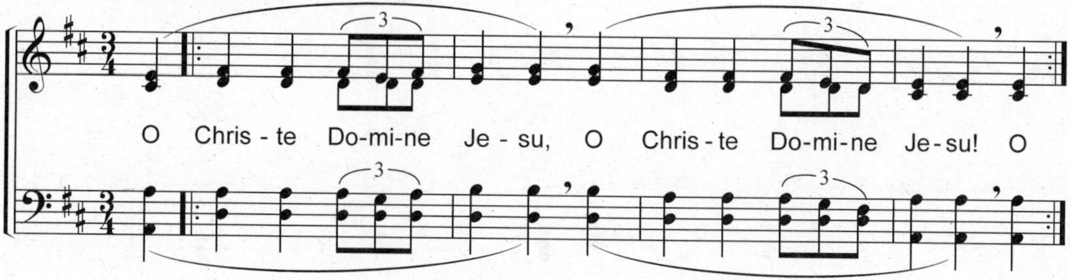

♪ **O Kre-ste Mo-re-na Je-su. / O Kristo aming ligaya,** O Kristo aming Pag-asa.

(Ô Christ, Seigneur Jésus.
O Christus, Herr Jesus.
Oh Cristo, Señor Jesús.
O Christ, Lord Jesus.
Cristo, Signore Gesù.
O Chryste, Panie Jezu.
О Христе Господи Иисусе!)

Jubilate cœli (canon)

61

(Cieux et mondes, réjouissez-vous. Le Christ Jésus est vraiment ressuscité. / Cielos y mundos, alegraos. Cristo Jesús verdaderamente ha resucitado. / Freut euch, Himmel und Erde. Jesus Christus ist wahrhaft auferstanden. / Radujcie się, niebiosa, radujcie się, ziemie. Jezus Chrystus zmartwych-wstał prawdziwie! / Радуйтесь, небеса, радуйся, земля, Христос Иисус воистину воскрес.)

♪ **Hea-vens,— sing with glad-ness;** earth, sing out re-joic-ing: Je-sus Christ— is ris-en from the dead. / **Džiau-ki-tės aukš-ty-bės**, džiau-kis, že-me, džiau-kis, Kris-tus Jė-zus kė-lės iš mir-ties.

62 Une soif emplit notre âme

♪ **A de-sire fills our be-ing**: to sur-ren-der all to you, O Christ. O The Lord hears when I call! / **Ei-nes nur ist mein Ver-lan-gen**, Chri-stus hin-zu-ge-ben, was ich bin. Chri-stus hört mein Ge-bet. / **U-ma se-de‿en-che‿a mi-nh'al-ma**: a de‿a-ban-do-nar- me‿em ti, Se-nhor. Tu me‿es-cu-tas, Se-nhor. / **Gud, min själ är fylld** av läng-tan, jag vill ö-ver-läm-na allt till dig. O Du be-fri-ar mig, Gud. / **U-na se-te** nel mio cuo-re: vo-glio‿ab-ban-do-na-mi‿in Te, Si-gnor. O Tu mi‿a-scol-ti Si-gnor.

(Una sed llena nuestra alma: abandonarnos en tí, Cristo. / Pragnieniem mej duszy jest wszystko oddać Tobie, Chryste. / Одного жаждет моя душа: всего себя отдать Тебе, Христе.)

63 Benedictus (canon)

(Béni celui qui vient au nom du Seigneur. / Blessed is the one who comes in the name of the Lord. / Bendito el que viene en nombre del Señor. / Gelobt sei der da kommt im Namen des Herrn. /Bendito o que vem em nome do Senhor. / Błogosławiony, który idzie w imię Pańskie. / Благословен Грядущий во имя Господне! *Mc 11, 9*)

Grande est ta bonté

64

♪ **There can be no great—er love** than to lay down our life for those we love—. O Bless the Lord, our God, whose good-ness a-bounds! O / **Grö-ßer kann die Lie-be nicht sein**, als wenn ei-ner für sei-ne Freun-de sein Le-ben gibt. O Liebt ei-nan-der so, wie ich euch ge-liebt. O / **Czyż jest mi-łość wię-ksza** niż ta, gdy ktoś ży-cie chce dać za swych przy-ja-ciół. O jak-że wiel-ka jest Twa do-broć dla nas. O / **Ve-ća lju-bav ne po-sto-ji** ne-go ži-vot svoj dat' za svo-je bli-žnje. O Mi-lo-sr-dan je i do-bar Bog naš! O / **Non— vi‿è più gran—de‿a-mor** che do-na-re la vi-ta per chi si a—ma.

(No hay amor más grande que dar la vida por los amigos. / Senkinek sincs nagyobb szeretete annál, mint aki életét adja barátaiért. / Suuremat armastust ei ole kellelgi kui see, et ta jätab oma elu oma soprade eest. / Mai mare dragoste decît aceata nimeni nu are, ca sufletul, lui sia şi-l pună pentru prietenii sai. / Nikdo nemá větší lásku než ten, kdo položí život za své přátele. / Nikto nepreukáže väčšej lásky, ako keė svoj život položí za svojich priateǎov. / Nihče nima večje ljubezni, kakor je da kdo dá življenje za svoje prijatelje. / Nitko nema veće ljubavi od ove: položiti vlastiti život za svoje prijatelje. / Nėra didesnės meilės, kaip gyvybę už draugus atiduoti. / Нет больше той любви, как если кто положит душу свою за друзей своих. Велика твоя милость к нам, Господи. *Jn 15, 13*)

65 Dona nobis pacem

(Donne-nous la paix du cœur.
Gib uns den Frieden des Herzens.
Grant us peace of heart.
Donaci la pace del cuore.
Danos la paz del corazón.
Daj nam pokój serca.
Даруй нам мир сердца.)

66 Qui regarde vers Dieu

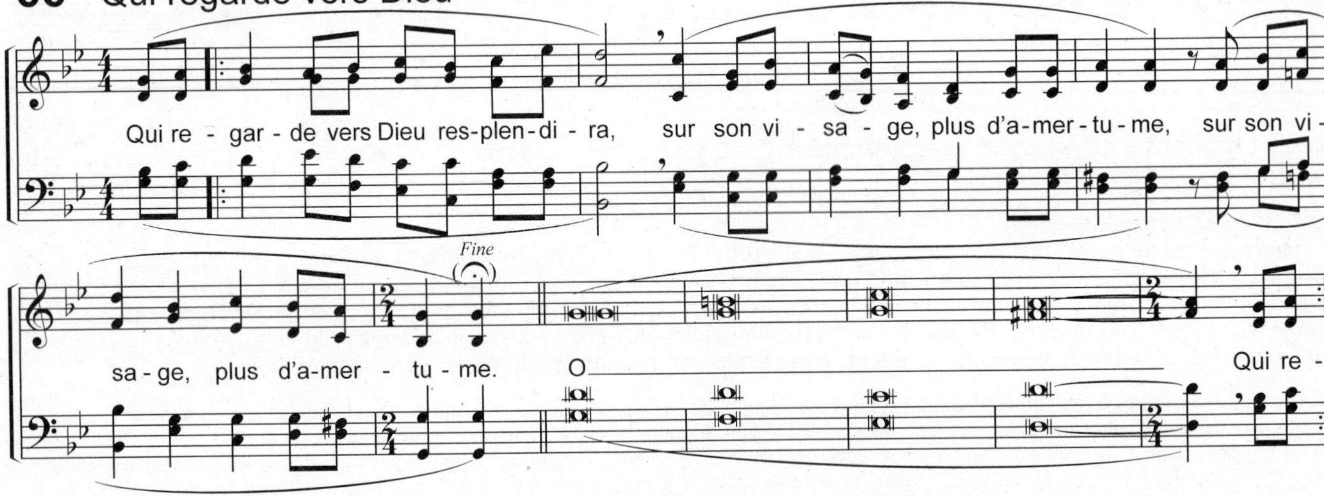

♪ **Se ti vol-gi a Dio** ri-splen-de-rai, sul tu-o vol— to mai l'a-ma-rez-za, sul tu-o vol-to mai l'a-ma-rez-za.

(Blickt auf zu Gott, und euer Gesicht wird leuchten, fern aller Bitterkeit. / Look to God and you will shine, all bitterness gone from your face. / Los que miran al Señor refulgirán, no habrá sonrojo en su semblante. / Spójrzcie na Boga, promieniejcie radością, a oblicza wasze nie zaznają wstydu. *Ps 34, 6*)

Let all who are thirsty come

(Que l'assoiffé vienne, que celui qui le veut reçoive l'eau de la vie, gratuitement. Amen, viens Seigneur Jésus. / Chi ha sete, venga. Chi vuole, prende gratuitamente l'acqua della vita. Amen, vieni Signore Gesù. / Wer durstig ist, der komme. Wer will, empfange umsonst das Wasser des Lebens. Amen. Komm, Herr Jesus! / Ten, kto pragnie, niech przychodzi, kto chce, niech darmo weźmie wodę życia. Amen, przyjdź, Panie Jezu! / Quién tenga sed que venga. Quién quiera que beba del agua de la vida. Amen, Ven Señor Jesús. A*p 22, 17b. 20b*)

68 Alleluia 4

69 Alleluia 7

70 Alleluia 8

Alleluia 10

71

Alleluia 11

72

73 Alleluia 16

74 Alleluia 17

75 Alleluia 18

Alleluia 20 — 76

Alleluia 21 — 77

Alleluia 22 — 78

79 Kyrie 1

(Seigneur, aie compassion. / Lord, have compassion. / Signore, abbi compassione. / Señor, ten compasión. / Herr, erbarme dich. / Panie, zmiłuj się. / Господи, помилуй.)

80 Kyrie 5

81 Kyrie 6

Kyrie 8

82

Kyrie 9

83

Kyrie 10

84

85 Kyrie 12

86 Kyrie 13

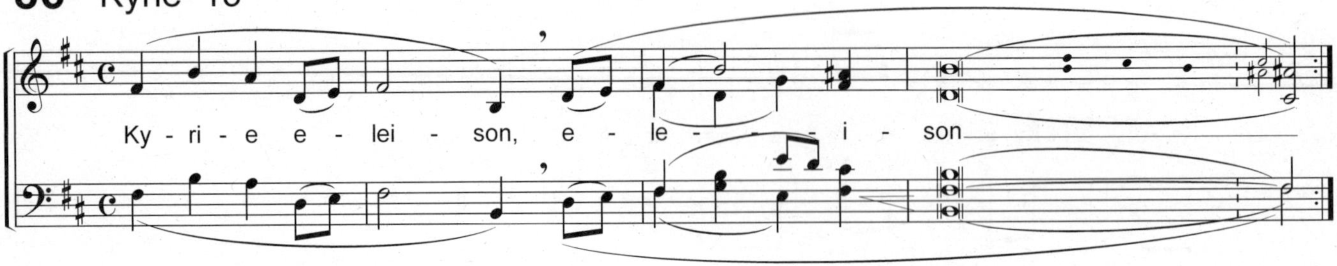

87 Kyrie 17

Kyrie 18

88

Kyrie 19

89

Kyrie 20

90

91 Kyrie 21

Veni lumen cordium I ♪ **Come, Cre-a-tor Spir-it, come!** 92

(Viens, lumière des cœurs! / Vieni, luce dei cuori. / Ven, Luz de los corazones. / Komm, Licht der Herzen. / Przybądź, światłości serc. / Прийди, свет сердец.)

Veni lumen cordium II ♪ **Come,— Lord, light— of our hearts!** 93

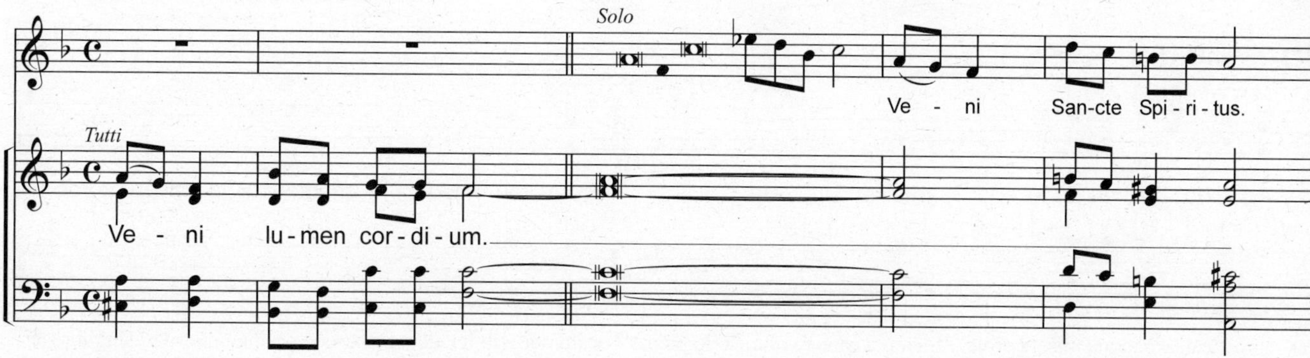

94 Alleluia

(Alleluia! Glory be to you, O Lord. / Alleluia! Gloria a te, Signore. / Halleluja! Ehre sei dir, Herr. / ¡Aleluya! Gloria a ti, Señor. / Alléluia! Gloire à toi, Seigneur.)

95 Alléluia

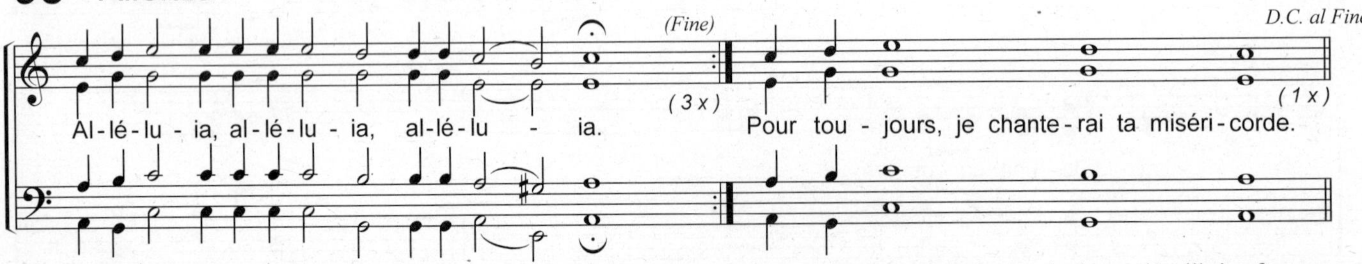

(Per sempre canterò la tua misericordia. / Siempre cantaré tu misericordia. / Für immer will ich dein Erbarmen besingen. / I will sing forever of your mercy. / Na wieki głosić będę miłosierdzie Twoje. / Всегда буду воспевать милость Твою.)

Alleluia

(Alleluia! Glory be to you, O Lord. / Alleluia! Gloria a te, Signore. / Halleluja! Ehre sei dir, Herr. / ¡Aleluya! Gloria a ti, Señor. / Alléluia! Gloire à toi, Seigneur. / Aleluia! Glória a ti Senhor!)

97 Alleluia

(Alleluia! Glory be to you, O Lord. / Alleluia! Gloria a te, Signore. / Halleluja! Ehre sei dir, Herr. / ¡Aleluya! Gloria a ti, Señor. / Alléluia! Gloire à toi, Seigneur.)

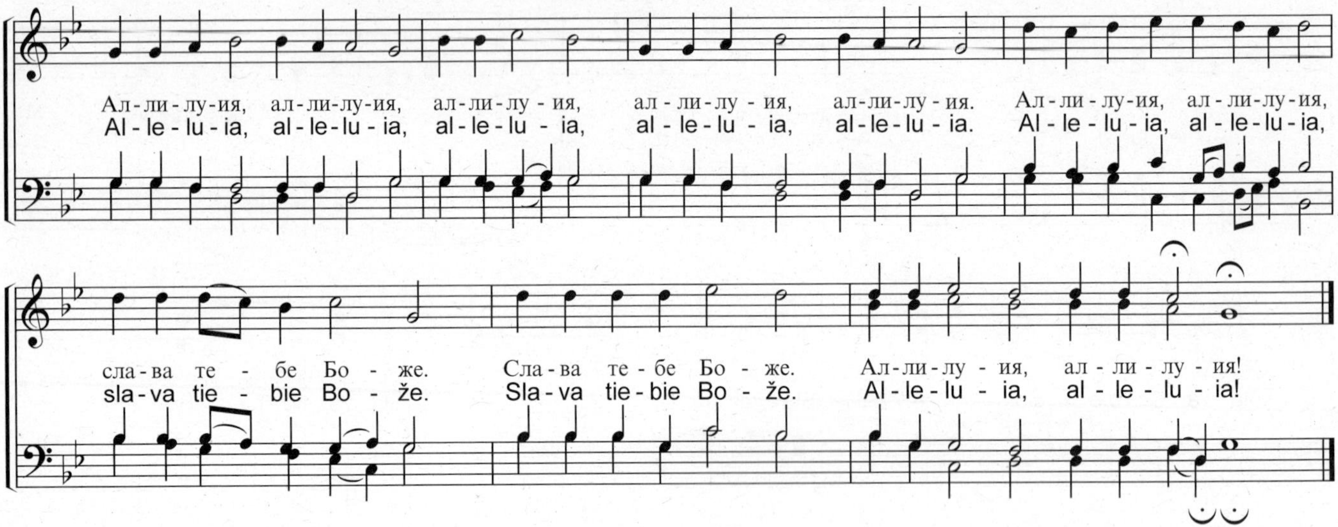

98 Bogoroditse Dievo 1 (Богородице Дево)

(Ô Vierge Marie, toi qui as enfanté (le Christ qui est) Dieu, réjouis-toi, comblée de grâce, le Seigneur est avec toi. Tu es bénie entre les femmes, et béni est le fruit de tes entrailles: le Sauveur de nos vies que tu as enfanté. /

Jungfrau Maria, aus dir wurde (Christus, der) Gott (ist,) geboren, freue dich, du Begnadete, der Herr ist mit dir. Du bist gesegnet unter den Frauen und gesegnet ist die Frucht deines Leibes: der Retter unseres Lebens, welchen du geboren hast. /

O Virgin Mary, you who gave birth to (Christ who is) God, rejoice, highly favoured one, the Lord is with you. You are blest among women, and blest is the fruit of your womb: the Saviour of our lives, to whom you gave birth. /

O Vergine Maria, tu che hai generato (Cristo che è) Dio, rallegrati, piena di grazia, il Signore è con te. Tu sei benedetta tra le donne, e benedetto è il frutto del seno tuo: il Salvatore delle nostre vite che hai generato. /

Oh Virgen María, tú que has dado a luz a (Cristo que es) Dios, alégrate, llena de gracia, el Señor está contigo. Bendita eres entre las mujeres, y bendito es el fruto de tu vientre: el Salvador de nuestras vidas que tú has dado a luz. /

Dziewico Maryjo, Ty, któraś porodziła (Chrystusa, Syna) Boga, raduj się, pełna łaski, Pan jest z Tobą. Błogosławiona jesteś między niewiastami i błogosławiony owoc Twojego łona: Zbawca naszego życia, z Ciebie narodzony.)

99 Les Béatitudes

Solo

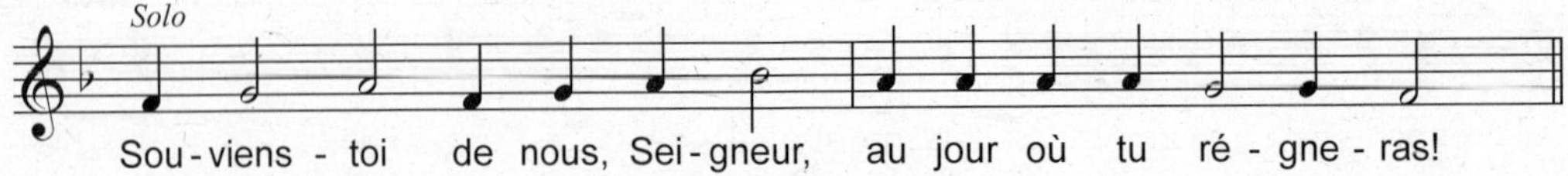

Tutti

1-Bienheureux sont les cœurs de pauvres / car le Royaume des cieux est à eux.
2-Bienheureux aussi ceux qui pleurent / la joie de Dieu consolera leur cœur.
3-Bienheureux sont les doux, les humbles / la terre un jour va devenir leur bien.
4-Bienheureux chercheurs de justice / car dans leur faim ils seront tous comblés.
5-Bienheureux sont ceux qui pardonnent / car le pardon pour eux sera donné.
6-Bienheureux sont les cœurs limpides / dans la lumière ils verront leur Seigneur.
7-Bienheureux les artisans de paix / car ils seront appelés fils de Dieu.
8-Bienheureux ceux qu'on persécute / car le Royaume des cieux est à eux.
9-Bienheureux ceux qui pour Christ souffrent / leur allégresse est grande auprès de Dieu. *Mt 5, 3-11*

1-Блаженни нищии духом яко тех есть Царство Небесное.
2-Блаженни плачущии яко тии утешатся.
3-Блаженни кротции яко тии наследят землю.
4-Блаженни алчущшии и жаждущшии правды яко тии насытятся.
5-Блаженни милостивии яко тии помилованы будут.
6-Блаженни чистии сердцем яко тии Бога узрят.
7-Блаженни миротворцы яко тии сынове Божии нарекутся.
8-Блаженни изгнанны правды ради яко тех есть царство небесное.
9-Блаженни есте егда поносят вас и изженут и рекут всяк зол глагол на вы лжуще Мене ради.

1- Happy all, who are poor in spir-it: for the king-dom of heaven is theirs.
2- Happy all those who now are weep-ing: the joy of God will com-fort them.
3- Happy all the hum-ble, the gen-tle: for the earth one day will be theirs.
4- Happy all, who for just-ice hun-ger: they shall re-ceive their heart's de-sire.
5- Happy all, who for-give-ness of-fer: for they shall al-so be for-given.
6- Happy all with hearts clear and sim-ple: for they shall come to see their God.
7- Happy all cre-a-tors of true peace: they shall be called children of God.
8- Happy all suffering per-se-cu-tion: for the King-dom of heaven is theirs.
9- Happy all, who per-se-vere for Christ: for in God they'll be filled with joy.

1-Glücklich sind die im Herzen Armen, / denn das Reich Gottes ist für immer ihr.
2-Glücklich sind, die Leiden erfahren, / denn durch den Herrn ist ihnen Trost gewiß.
3-Glücklich sind, die in Sanftmut leben, / denn das verheißne Land fällt ihnen zu.
4-Glücklich sind, die hungern und dürsten / nach Gerechtigkeit; sie werden satt.
5-Glücklich sind, die barmherzig leben, / denn auch sie erfahren Barmherzigkeit.
6-Glücklich sind, deren Herz in Klarheit; / sie werden Gott in seinem Lichte schaun.
7-Glücklich sind, die den Frieden schaffen, / denn Kinder Gottes wird ihr Name sein.
8-Glücklich sind, die verfolget werden, / denn das Reich Gottes ist für immer ihr.
9-Glücklich sind, die für Christus leiden, / die Freude des Festes bricht an für sie.

Sviaty Bože

(Dieu saint, saint et fort, saint et immortel, aie compassion de nous. Gloire au Père et au Fils et au Saint Esprit maintenant, toujours et dans les siècles des siècles. / Holy God, holy and strong, holy and immortal, have mercy on us. Glory to the Father and to the Son and to the Holy Spirit, now and forever.)

101 Rendez grâce au Seigneur

♪ 1. **Singt ein Dank-lied dem Herrn**, denn er ist gut; sei-ne Lie-be e-wig währt, al-le-lu-ja! 2. Singt ein Dank-lied dem Sohn, der uns er-löst; sei-ne Lie-be e-wig währt, al-le-lu-ja! 3. Singt ein Dank-lied dem Hei-li-gen Geist; sei-ne Lie-be e-wig währt, al-le-lu-ja!
1. **Te‿a-la-ba-mos, oh Dios**, por tu bon-dad, tú‿es-tás cer-ca‿y das la paz, ¡a-le-lu-ya! 2. Dios y Pa-dre tu‿A-mor nos li-be-ró, tú‿e-res fuen-te de per-dón, ¡a-le-lu-ya! 3. En Je-sús— con-tem-pla-mos tu‿A-mor que‿el Es-pí-ri-tu nos dio, ¡a-le-lu-ya!
1. **O give thanks**— for the good-ness of the Lord, for God's love will nev-er end, al-le-lu-ia! 2. O give thanks— for the Ris-en Christ our Lord, for God's love will nev-er end, al-le-lu-ia! 3. O give thanks— for the Spir-it of life, for God's love will nev-er end, al-le-lu-ia!
1. **Chwa-ła Pa-nu i cześć**, bo do-bry jest, Je-go mi-łość wiecz-nie trwa, al-le-lu-ja! 2. Zmart-wych-wsta-łe-mu też chwa-ła i cześć, Je-go mi-łość wiecz-nie trwa, al-le-lu-ja! 3. Du-cho-wi Świę-te-mu chwa-ła i cześć, Je-go mi-łość wiecz-nie trwa, al-le-lu-ja!

See, I am near

(Je suis proche, dit le Seigneur. Voici je fais toutes choses nouvelles. / Ecco, sono vicino, dice il Signore. Ecco, faccio nuove tutte le cose. / Seht, ich bin nahe, spricht der Herr. Seht, ich mache alles neu. / Zobacz, jestem blisko, mówi Pan. Oto czynię wszystko nowe. / Lo ves, estoy cerca, dice el Señor. Mira, hago nuevas todas las cosas. *cf Ap 21, 5*)

103 Gospodi A

(Seigneur, aie compassion. / Lord, have compassion. / Señor, ten compasión. / Signore, abbi compassione. / Herr, erbarme dich. / Panie, zmiłuj się.)

♪ **Doa-mne mi-lu-ieş-te. / Nko-si, si-ha-wu—ke-le.**

104 Gospodi B

105 Gospodi C

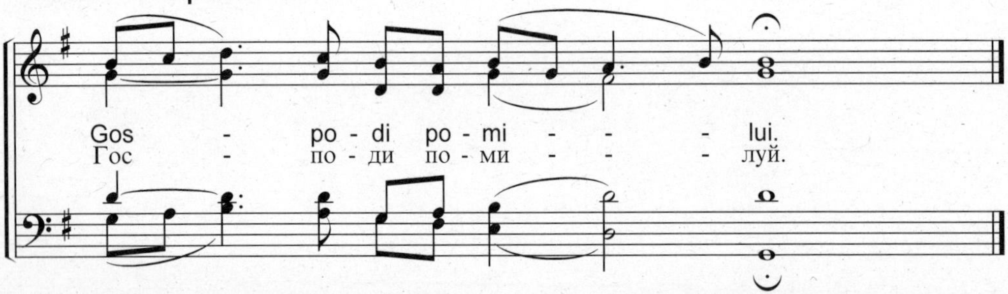

Gospodi D

106

Gospodi E

107

Gospodi F

108

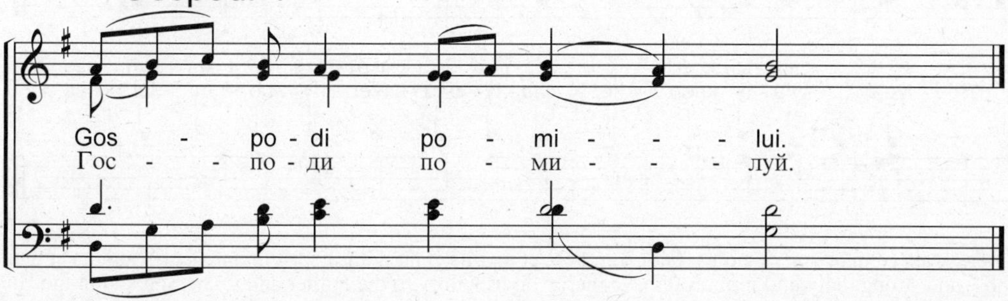

109 Sviaty Bože

(Dieu saint, saint et fort, saint et immortel, aie compassion de nous. Gloire au Père et au Fils et au Saint Esprit maintenant, toujours et dans les siècles des siècles. / Holy God, holy and strong, holy and immortal, have mercy on us. Glory to the Father and to the Son and to the Holy Spirit, now and forever.)

Bogoroditse Dievo 2 (Богородице Дево) 110

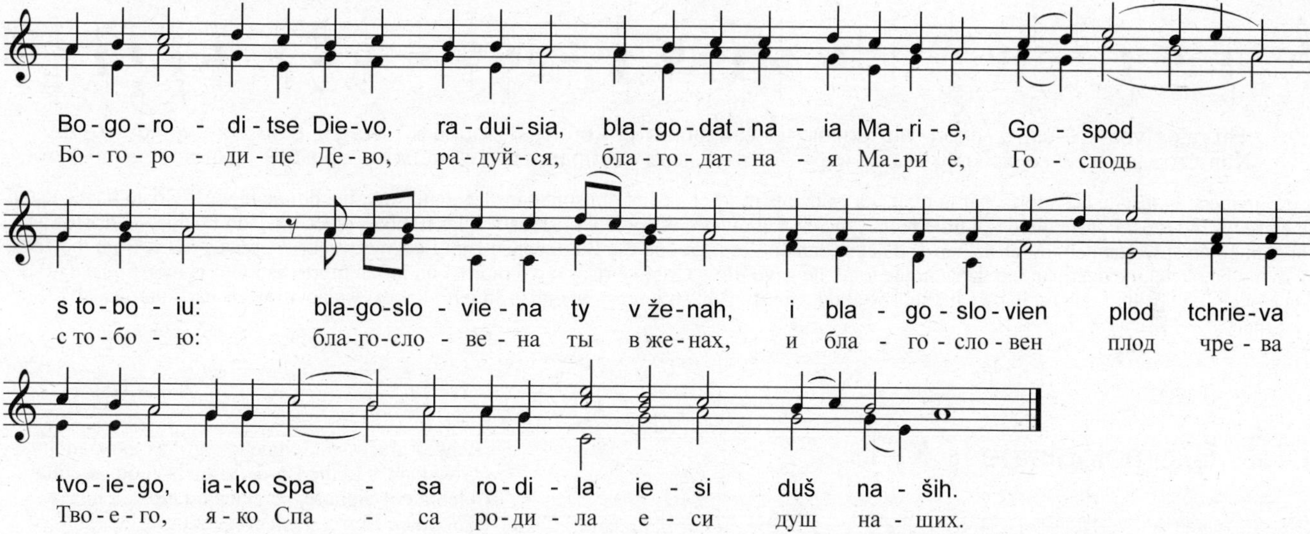

(Ô Vierge Marie, toi qui as enfanté (le Christ qui est) Dieu, réjouis-toi, comblée de grâce, le Seigneur est avec toi. Tu es bénie entre les femmes, et béni est le fruit de tes entrailles: le Sauveur de nos vies que tu as enfanté. /

Jungfrau Maria, aus dir wurde (Christus, der) Gott (ist,) geboren, freue dich, du Begnadete, der Herr ist mit dir. Du bist gesegnet unter den Frauen und gesegnet ist die Frucht deines Leibes: der Retter unseres Lebens, welchen du geboren hast. /

O Virgin Mary, you who gave birth to (Christ who is) God, rejoice, highly favoured one, the Lord is with you. You are blest among women, and blest is the fruit of your womb: the Saviour of our lives, to whom you gave birth. /

O Vergine Maria, tu che hai generato (Cristo che è) Dio, rallegrati, piena di grazia, il Signore è con te. Tu sei benedetta tra le donne, e benedetto è il frutto del seno tuo: il Salvatore delle nostre vite che hai generato. /

Oh Virgen María, tú que has dado a luz a (Cristo que es) Dios, alégrate, llena de gracia, el Señor está contigo. Bendita eres entre las mujeres, y bendito es el fruto de tu vientre: el Salvador de nuestras vidas que tú has dado a luz. /

Dziewico Maryjo, Ty, któraś porodziła (Chrystusa, Syna) Boga, raduj się, pełna łaski, Pan jest z Tobą. Błogosławiona jesteś między niewiastami i błogosławiony owoc Twojego łona: Zbawca naszego życia, z Ciebie narodzony.)

111 Hristos voskresie iz miertvih

(Le Christ est ressuscité des morts, par la mort il a vaincu la mort et à ceux qui sont dans les tombeaux, il a donné la vie. / Cristo ha resucitado de entre los muertos. Por medio de su muerte ha vencido a la muerte y a quienes estaban en las tumbas, él les ha dado la vida. / Christus ist von den Toten auferstanden, durch seinen Tod hat er den Tod besiegt und die Begrabenen zum Leben erweckt. / Christ is risen from the dead, by dying he overcame death and to those in the tomb he gave life. / Cristo è risorto dai morti, con la sua morte ha vinto la morte e ha dato la vita a quelli che erano nella tomba. / Chrystus powstał z martwych, śmiercią zwyciężył śmierć. Spoczywającym w grobach darował życie wieczne.)

112 Exomologisthe to Kyrio

(Rendez grâces au Seigneur, car il est bon, alléluia! / Give thanks to the Lord, for he is good, alleluia! / Celebrate il Signore, perché è buono, alleluia. / Dankt dem Herrn, denn er ist gütig. Alleluja! / Chwalcie Pana, bo dobry, bo Jego łaska na wieki. Alleluja! / Dad gracias al Señor porque El es bueno, aleluya. *Ps. 136*)

(Car la miséricorde de Dieu est pour toujours, alléluia ! / For God's mercy is forever, alleluia! / Porque la misericordia de Dios es para siempre, ¡aleluya! / Denn ewig währt Gottes Barmherzigkeit, Alleluja! / Bo Miłosierdzie Boże trwa na wieki, alleluja! / Perché eterna è la sua misericordia, alleluia !)

Bóg jest miłością

113

♪ **Gott ist nur Lie-be**. Wagt, für die Lie-be al-les zu ge-ben. Gott ist nur Lie-be. Gebt euch oh-ne Furcht. / **God is for-give-ness**. Dare to for-give and God will be with you. God is for-give-ness. Love and do not fear. / **Deus é a-mor**— a-tre-ve-te‿a vi-ver por a-mor.— Deus é a-mor— Na-da‿há a te-mer. / **Die-vas – tai mei-lė**, bū-ki-te drąsūs mei-le gy-ven-ti. Die-vas – tai mei-lė, ne-bi-jo-ki-te. / **Di-o è a-mo-re,** o-sa a-ma-re sen-za ti-mo-re. Di-o è a-mo-re: non te-me-re mai. / **God is vol lief-de.** Durf voor die lief-de al-les te ge-ven. Durf het te wa-gen: geef je zon-der angst!

(Dieu est amour. Osez vivre pour l'amour. N'ayez pas peur. / Dios es amor. Atrevanse a vivir por amor. No hay que temer.)

Beati voi poveri

114

♪ **How bless-ed the poor** in heart, for— theirs— is the king-dom of heav-en. / **Szczę-śli-wi u-bo — dzy**, bo kró-les-two Bo-że do nich na-le-ży. / **Fe-li-zes os po - bres**, por-que de-les é o Rei-no de Deus.

(Heureux, vous les pauvres, car le Royaume de Dieu est à vous. / Selig, ihr Armen, denn euch gehört das Reich Gottes. *Lc 6,20*)

115 The kingdom of God

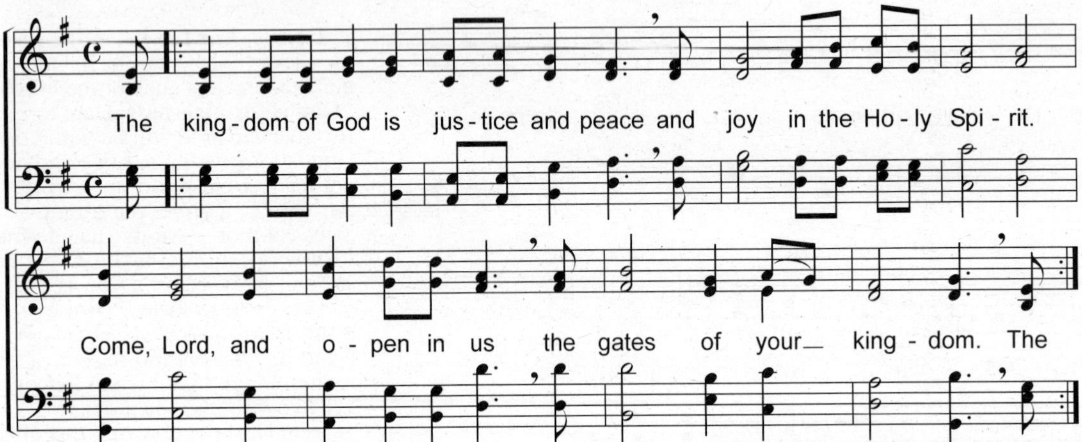

♪ **Kró-les-two Twe, Pa-nie**, poś-ród nas jest: Twój Duch, spra-wie-dli- wość, po-kój, więc przyjdź, wpro-wadź nas do bram kró-les-twa Bo-że-go. / **Az é-le-ted Jé-zus ö-rök é-let**, az út, a-mit ve-led já-runk. Jöjj hát, és hozd ö-rö-möd, és szí-vünk ki—tá-rul.

(Le royaume de Dieu est justice, paix, et joie dans l'Esprit Saint. Viens, Seigneur, et ouvre en nous les portes de ton royaume. / Il regno di Dio è giustizia, pace e gioia nello Spirito Santo. Vieni, Signore, e apri in noi le porte del tuo regno.)

(Das Reich Gottes ist Gerechtigkeit, Friede und Freude im Heiligen Geist. Komm, Herr, und öffne in uns die Tore deines Reiches. *cf Rm 14, 17*)

116 Jesu redemptor

(Jésus, sauveur de toute vie, toi, lumière et splendeur du Père, à toi la gloire./ Jesus, Retter allen Lebens, du Licht und Herrlichkeit des Vaters, dir sei Ehre. / Jesus, saviour of every life, light and splendour of the Father, glory be to you. / Gesù, salvatore di ogni vita, luce e splendore del Padre, gloria a te. / Jesús, salvador de toda vida, luz y esplendor del Padre, a ti la gloria.)

(Jezu, Zbawco wszystkiego, co żyje, światłości i blasku Ojca, Tobie chwała. / Jėzau, kiekvienos gyvybės Gelbėtojau, Tėvo šviesa ir atspindy, tebūna tau šlovė.)

Nebojte se

(N'ayez pas peur! Réjouissez-vous! Christ est ressuscité. / No temais. Regocijaos. ¡Cristo ha resucitado! / Не бойтесь, радуйтесь, Христос воскрес.)

117

♪ **Be not a-fraid**, sing out for joy! Christ is ris-en, al-le-lu-ia! / **Hell brennt ein Licht** in uns-rer Nacht, heu-te ist der Tag, den Gott ge-macht, hell brennt ein Licht, seid nicht be-trübt: Chri-stus hat den Tod am Kreuz be-siegt. / **Nie bój-cie się**, ra-duj-cie się! Chry-stus rze-czy-wi-ście z gro-bu wstał. / **O-dag-naj strah** i ra-duj se! Krist je do-is-ta us-krs-nu-o! / **No, non te-me-re**, ral-le-gra-ti: Cri-sto è ri-sor-to. Al-le-lu-ia!

In resurrectione tua

118

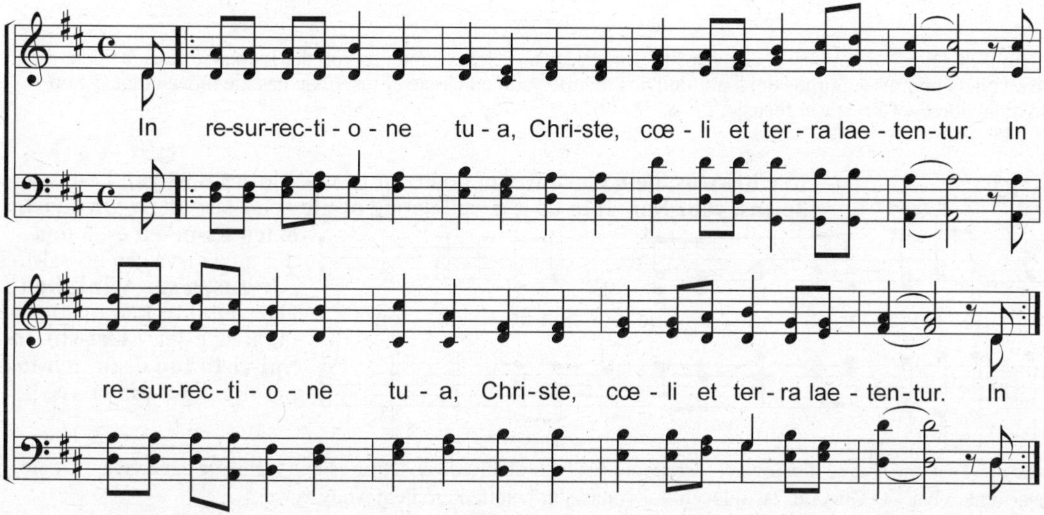

♪ **Az e-gek és a föl-dek** é-ne-kel-jék föl-tá-ma-dá-so-dat Krisz-tus!

(Let heaven and earth rejoice in your resurrection, O Christ. / Que ciel et terre se réjouissent dans ta résurrection, O Christ. / In deiner Auferstehung, Christus, freuen sich Himmel und Erde. / Que el cel i la terra s'alegrin amb la teva resurrecció, O Crist! / Niechaj niebo i ziemia radują się z Twego zmartwychwstania!)

119 Nothing can ever

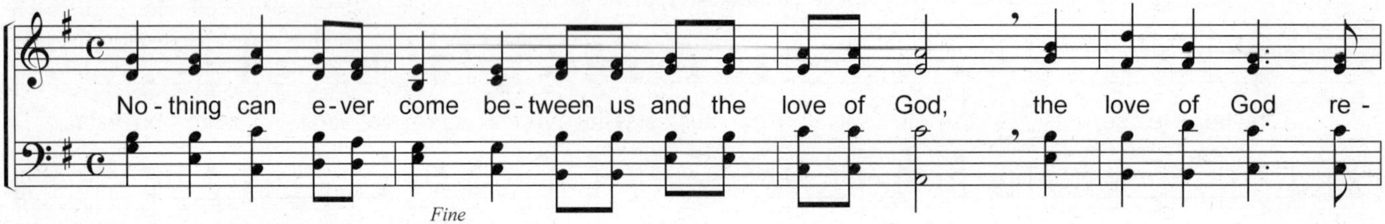

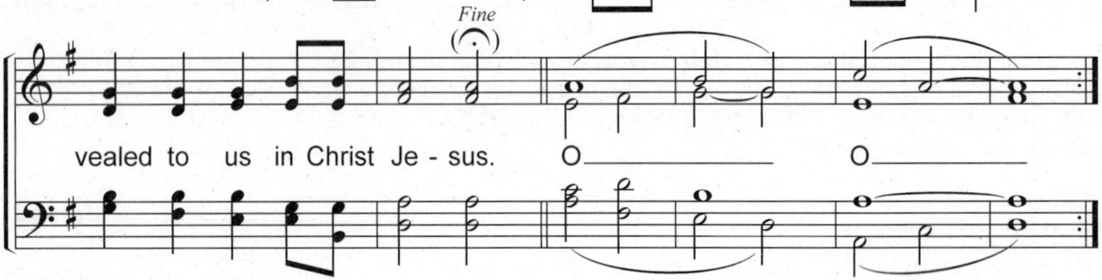

♪ **Nul-la può se-pa-rar-ci** dal tuo‿a-mo-re‿o Di— o, l'a-mor di Di-o ri-ve-la-to‿in Ge-sù Cris-to. / **Nič nás ne-bu-de môcť** od-lú-čiť od lás-ky Bo-žej k‿nám. Tú veľ-kú lás-ku zja- vil nám Je-žiš Kris-tus.

(Rien ne peut nous séparer de l'amour de Dieu qui nous est révélé dans le Christ Jésus. / Nichts kann uns von der Liebe Gottes scheiden, die uns in Christus Jesus offenbart ist. / Nada podrá separarnos del amor de Dios manifestado en Cristo Jesús. / Nic nas nie może odłączyć od miłości Bożej, która została nam objawiona w Chrystusie Jezusie. *Rm 8, 38-39*)

120 Kristus, din Ande

♪ **Chri-stus, dein Geist** wohnt in uns, er ist Quel-le des e-wi-gen Le-bens. / **Je-sus, your Spi-rit in us** is a well-spring of life ev-er-last- ing. / **Oh Crist, el teu Es-pe-rit** és la font d'a- gua vi-va‿en no-sal-tres. / **Jé-zus, a szí- vünk-ben élsz**, a te Lel-ked mi-ben-nünk az é-let. / **Cri-sto, lo Spi-ri-to tuo** è sor-gen-te per noi d'ac-qua vi-va.

(O Christ, ton Esprit au-dedans de nous est une source d'eau vive. / Cristo, tu Espíritu dentro de nosotros es una fuente de agua viva. / Cristo, o teu Espírito em nós é uma fonte de água viva. / O Chryste, Twój Duch jest w naszym wnętrzu źródłem wody żywej.)

Wysławiajcie Pana

121

♪ **Praise our God** and sav-iour, O Praise our God and sav-iour, O for God's love en-dures for-ev-er, al-le-lu-ia, al-le-lu-ia! / **Lo-bet Gott**, ihr Län-der, O Lo-bet Gott, ihr Völ-ker, O Got-tes Lie-be hat kein En-de. Al-le-lu-ja. Al-le-lu-ja. / **Poj-te hva-lo Bo-gu,** O poj-te hva-lo Bo-gu! O Vzkli-kaj Bo-gu, šir-na zem-lja, a-le-lu-ja, a-le-lu-ja! / **Tei-kim šlo-vę Die-vui**, O. Tei-kim šlo-vę Die-vui, O. Vi-sa že-me, Jam gie-do-kim, a-le-liu-ja, a-le-liu-ja! / **E-sul-ta-te‿in Di-o**, O E-sul-ta-te‿in Di-o, O Can-ta la ter-ra‿al suo Si-gno-re, al-le-lu-ia, al-le-lu-ia!

(Louez le Seigneur, chantez au Seigneur, terre entière, alleluia ! / Alabad al Señor. Cantad al Señor, tierra entera, aleluya !)

El alma que anda en amor

122

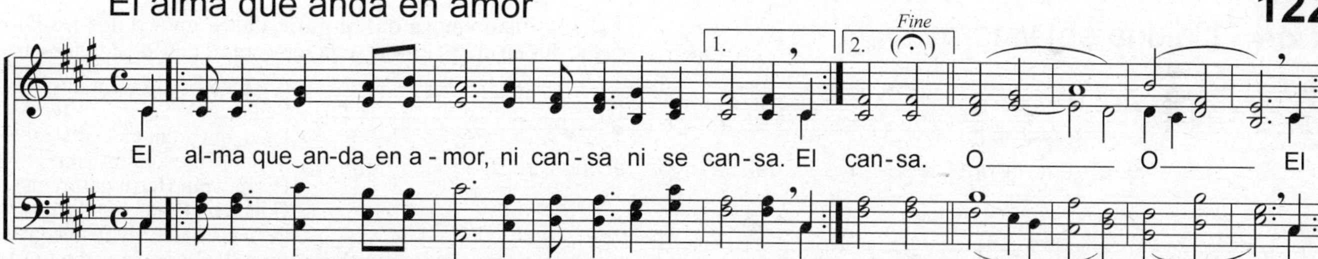

(L'âme qui brûle d'amour ne fatigue, ni ne se fatigue. / The soul filled by love neither tires others nor grows tired. / Eine Seele, in der die Liebe wohnt, ermüdet nie und nimmer. *S. Jean de la Croix*)

♪ **Se l'a-ni-ma va nel-l'a-mor**, non stan-ca ne si stan-ca. / **Csak le-gyél több sze-re-tet**, ha sze-retsz, meg nem fá-radsz. / **Mi-łoś-cią** na-peł-nij mnie, bym ko-chał i prze-ba-czał.

123 Bendigo al Señor

♪ **Io lo-do‿il mio Si-gnor** che mi‿a-scol-ta con a-mor. Il Si-gnor è la mia for-za; in lu-i con-fi-da‿il cuor. / **Az Úr hall-ja i-mám,** hogy-ha hí-vom, vá-la-szol. Jó az Úr, ben-ne bí-zom, a ne-vét ma-gasz-ta-lom.

(I bless the Lord who hears my prayer. The Lord is my strength; in him my heart trusts. / Je bénis le Seigneur qui écoute la voix de ma prière. Le Seigneur est ma force, en lui mon cœur se confie. / Ich preise den Herrn, denn er hört meine Stimme. Der Herr ist meine Kraft, mein Herz vertraut ihm. / Błogosławię Pana, usłyszał bowiem głos mego błagania, Pan moją mocą! Moje serce Jemu zaufało. *Ps 28, 6-7*)

124 L'ajuda em vindrà

♪ **L'a-iu-to ver-rà dal Si-gnor**, dal Si-gnor il nos-tro Di-o, che‿ha fat-to‿il cie-lo‿e la ter— ra, il cie-lo‿e la ter-ra.

(Le secours me vient du Seigneur, le Seigneur notre Dieu, qui a fait ciel et terre. / Meine Hilfe kommt vom Herrn, vom Herrn unserem Gott, der Himmel und Erde gemacht hat. / My help comes from the Lord, from the Lord our God who made heaven and earth. / Pomoc moja od Pana, który stworzył niebo i ziemię. *Ps 121, 2*)

Christe, lux mundi

125

(O Christ, light of the world, whoever follows you will have the light of life. / Ô Christ, lumière du monde, qui te suit aura la lumière de la vie. / Christus, Licht der Welt, wer dir nachfolgt, wird das Licht des Lebens haben. / Cristo, luz del mundo, quien te sigue tendrá la luz de la vida. / O Cristo, luce del mondo, chi ti segue avrà la luce della vita. / Cristo, luz do mundo, quem te segue terá a luz da vida. / Krisztus, világ világossága, aki téged követ, azé lesz az élet világossága. / O Chryste, światłości świata, kto idzie za Tobą, będzie miał światło życia. *cf Jn 8, 12*)

Esprit consolateur

126

♪ **Dein Feu-er, Schöp-fer Geist,** ist Lie-be und Ver-zeih'n. Komm, bren-ne dei-ne Glut in uns-re Her-zen ein. / **O Di-o con-so-la-tor**, a-mor di o-gni‿a-mor. O Di-o con-so-la-tor, a-mor di o-gni‿a-mor.

(Consoling Spirit, love of all love. / Espíritu consolador, amor de todo amor. / Spirito consolatore, amore di ogni amore. / Duchu Pocieszycielu, Miłości przewyższająca wszelką miłość.)

127 I am sure I shall see

♪ **So-no cer-to, ve-drò** la sal-vez-za del Si-gnor nel-la ter-ra dei vi-ven-ti. Sì, io ve-drò la bon-tà del nos-tro Di-o, sii for-te, spe-ra nel Si-gnor.

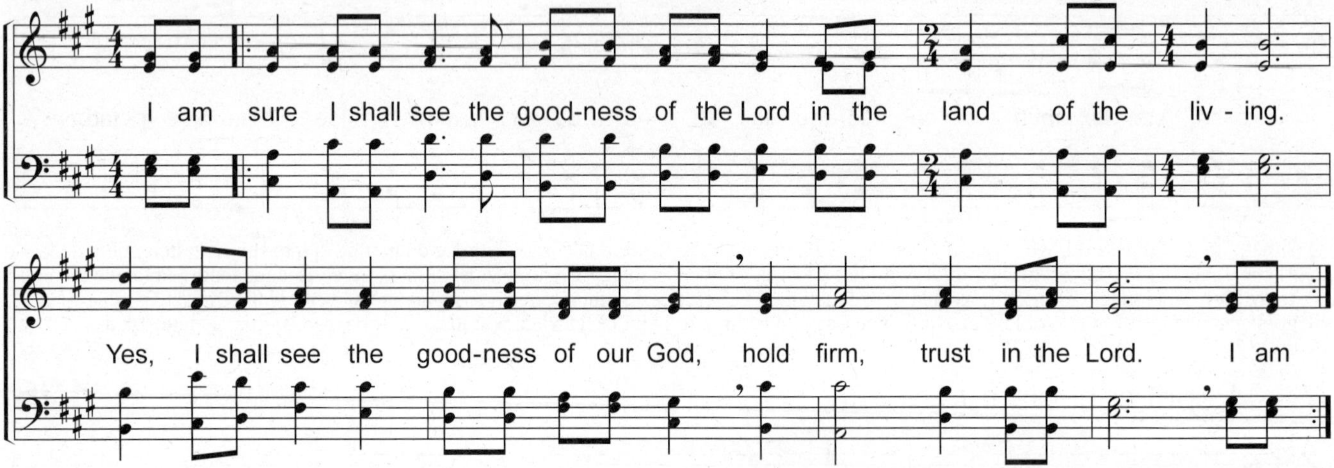

(Je le crois, je verrai la bonté du Seigneur sur la terre des vivants. Prends cœur et espère en Dieu. / Ich bin gewiß, zu schauen die Güte des Herrn im Land der Lebenden. Hab festen Mut, und hoffe auf den Herrn. / Espero gozar de la dicha del Señor en el país de la vida. Espera en el Señor, sé valiente, ten ánimo, espera en el Señor. / Wierzę, że na ziemi żyjacych ujrzę dobroć Pana. Nabierz otuchy i zaufaj Bogu. *Ps 27, 13*)

128 Que j'exulte et jubile

♪ **Pra-gnę gło-sić** z ra-doś-cią mi-łość Twą. / O— **e-sul-to‿e gio-i-sco** nel tu‿a-mor.

(I exult and rejoice in your love! / Que me regocije y me alegre en tu amor. / Ich will jubeln und mich über deine Liebe freuen. *Ps 31,8*)

Cantate Domino canticum novum **129**

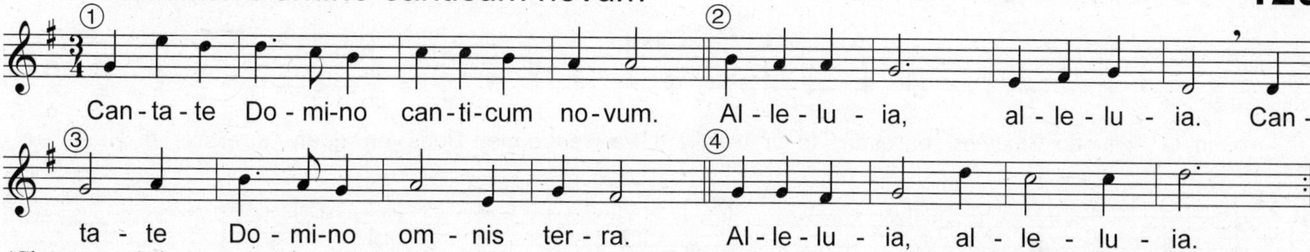

(Chantez au Seigneur un chant nouveau, chantez au Seigneur, terre entière ! / Sing a new song to the Lord, sing to the Lord all the earth! / Singt dem Herrn ein neues Lied, singt dem Herrn alle Länder der Erde! / ¡Cantad al Señor un canto nuevo, cantad al Señor toda la tierra! / Cantate al Signore un canto nuovo, cantate al Signore da tutta la terra! / Śpiewajcie Panu pieśń nową, śpiewajcie Panu, wszystkie krainy! *Ps 96,1*)

Magnificat 3 **130**

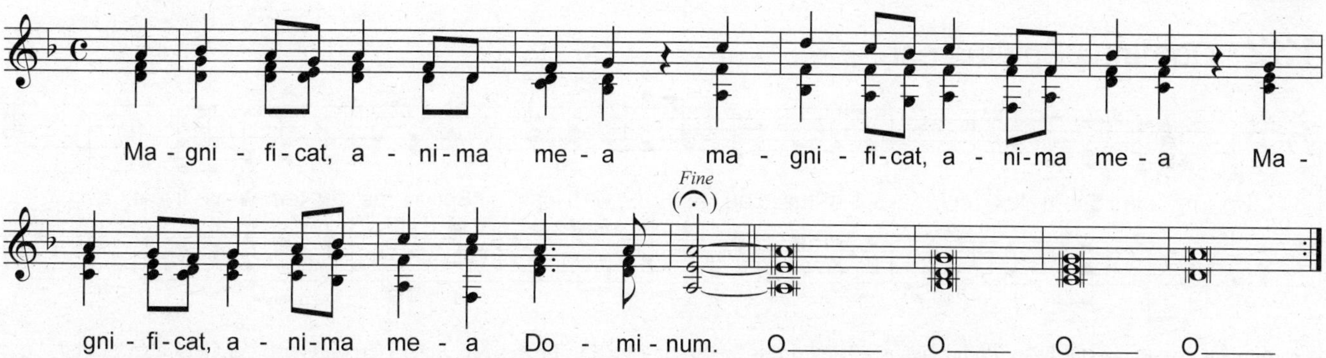

(My soul glorifies the Lord. / Mon âme magnifie le Seigneur. / Meine Seele preist die Größe des Herrn. / Mi alma engrandece al Señor. / A minha alma glorifica o Senhor. / Uwielbiaj, duszo moja, Pana. / Величит душа моя Господа. *Lc 1, 46*)

131 Cantarei ao Senhor

♪ **Die-vui gy-riaus gies-mes** šir-dis vis gie-dos; kol gy-ven-siu aš gir-siu Jį vi-sa-dos, nes Ja-me ran-du sa-vo džiau-gsmą, nes Ja-me ran-du sa-vo džiau-gsmą.

(Je veux chanter au Seigneur tant que je vis, je veux louer mon Dieu tant que je dure. J'ai ma joie dans le Seigneur. / All life long, for the Lord I will sing; while I live, I will praise my God. My joy is in God. / Cantaré al Señor, mientras viva, tañeré para mi Dios mientras exista. Yo me alegro con el Señor. / Finché vivo canterò al Signore, inneggerò al mio Dio, finché esisto. Mi rallegro nel Signore. / Ich will dem Herrn singen, solange ich lebe, will meinen Gott loben, solange ich bin. Ich will mich freuen am Herrn. / Chcę śpiewać Panu przez całe życie, będę grał Bogu póki będę istniał. Chcę radować się w Panu. *Ps 104, 33-34*)

132 Dominus Spiritus est

(Le Seigneur est l'Esprit. Or l'Esprit rend vivant. / The Lord is the Spirit. The Spirit gives life. / Der Herr ist Geist; der Geist aber macht lebendig. / Il Signore è lo Spirito e lo Spirito vivifica / El Señor es el Espíritu, y el Espíritu da vida. / Pan jest Duchem. Duch sam ożywia. *2 Co 3, 17. 6*)

Ad te Jesu Christe

133

(Vers toi, Jésus Christ, j'élève mon âme. Sauveur du monde, en toi j'ai mis mon espoir. / Zu dir, Jesus Christus, erhebe ich meine Seele. Retter der Welt, auf dich habe ich meine Hoffnung gesetzt. / To you, Christ Jesus, I lift up my soul. Saviour of the world, I have put my hope in you. / Ku Tobie, Jezu Chryste, wznosze moja dusze. Zbawicielu swiata, w Tobie pokladam nadzieje. / Hacia ti, Jesucristo, levanto mi alma. Salvador del mundo, en ti he puesto mi esperanza. / Verso di te, Gesù Cristo, elevo la mia anima. Salvatore del mondo, in te ho messo la mia speranza. *cf Ps 25, 1*)

Seigneur, tu gardes mon âme

134

(Tú guardas mi alma, Señor; conoces mi corazón. Condúceme por el camino eterno. / Lord, you watch over my soul; you know my heart. Lead me on the road to eternity. / Signore, tu custodisci la mia anima; conosci il mio cuore. Guidami sulla via dell'eternità. Guidami sulla via dell'eternità. / Herr, du behütest meine Seele und kennst mein Herz. Führe mich auf dem Weg der Ewigkeit. / Panie, Ty strzeżesz mojej duszy; znasz moje serce. Prowadź mnie drogą wieczności. *cf. Ps 139, 23-24*)

135 Frieden, Frieden

(Je vous laisse ma paix, je vous donne ma paix. Que votre cœur ne se trouble pas. / My peace I leave, my peace I give you. Do not let your hearts be troubled. / La paz os dejo, mi paz os doy. No se turbe vuestro corazón. *Jn 14, 27*)

♪ **Pa-ce, pa-ce** io vi la-scio la pa-ce. La mia pa-ce do-no a voi, non si tur-bi‿il vo-stro cuor. / **Po-kój, po-kój,** po-kój mój da-ję wam. Nie lę-kaj-cie się, mó-wi Pan. Po-kój mój zo-sta-wiam wam. / **Pa-qen, pa-qen,** pa-qen ti-me ju jap, pa-qen ti-me po— ju lë, zem-ra juaj t'mos ket' frik'.

136 Viešpatie, tu viską žinai

♪ **Tu sai tut-to,‿O mi-o Si-gnor**, tu lo sai i-o ti a-mo. / **All my heart lies o-pen to you**, and you know, Lord, that I love you.

(Seigneur, tu sais tout ; tu sais que je t'aime. / Señor, tú lo sabes todo; tú sabes que te quiero. / Panie, Ty wiesz wszystko; wiesz, że Cię kocham. *Jn 21,17*)

Behüte mich, Gott

137

♪ **Tu és o meu Deus**, eu con-fio em ti, és to-da_a mi-nha_a-le-gri-a: en-si-na-me_o ca-mi-nho da vi-da. / **Glo-bok, Die-ve, mus**, ti-ki-me Ta-vim, Tu ro-dai ke-lius į lai-mę. Die-vo ar-tu-mas džiau-gsmo pil-na-tvė.

(Garde-moi, ô Dieu, j'ai confiance en toi. Tu m'apprends le chemin de vie. Avec toi, plénitude de joie. / Keep me, O God, for I trust in you. You show me the path of life. With you there is fullness of joy. / Proteggimi, o Dio: in te mi rifugio. Mi indicherai il sentiero della vita, gioia piena nella tua presenza. / Guárdame, Dios, porque confío en ti. Me enseñarás el camino de vida, me colmarás de gozo en tu presencia. / Zachowaj mnie, Boże, Tobie ufam. Ty ukazujesz mi drogę życia. Z Tobą pełnia radości. *Ps 16, 1.11*)

Sit nomen Domini

138

(Béni soit le nom du Seigneur, dès maintenant et à jamais. / Blessed be the name of the Lord, now and forevermore. / Gelobt sei der Name des Herrn, von nun an bis in Ewigkeit. / Sia benedetto il nome del Signore. Sia benedetto ora e sempre. / Bendito sea el nombre del Señor ahora y por siempre. / Niech będzie błogosławione imię Pana. Niech będzie błogosławione teraz i na wieki. *Ps 113, 2*)

139 Aber du weißt den Weg für mich

♪ Rac-co-gli‿i miei pen-sie-ri o Dio in te. Tu se-i la lu-ce sem-pre‿ac-can-to‿a me tu se-i l'a-iu-to ti se-i la pa-zien-za. Mis-te-rio-se le tue vi-e **ma tu co-no-sci** il cam-mi-no per me.

(Dieu, rassemble et tourne mes pensées vers toi. Auprès de toi se trouve la lumière, tu ne m'oublies pas. Auprès de toi se trouve le secours, auprès de toi se trouve la patience. Je ne comprends pas tes voies, mais toi, tu connais le chemin pour moi./ God, gather and turn my thoughts to you. With you there is light, you do not forget me. With you there is help and patience. I do not understand your ways, but you know the way for me. / Boze, spraw, by myśli moje zwrócone były ku Tobie. U Ciebie jest światło, Ty nie zapominasz o mnie. Przychodzisz mi z pomocą, jesteś cierpliwy. Twych dróg nie rozumiem, ale Ty znasz moją drogę. / Dios, reúne mis pensamientos en ti. Junto a ti se encuentra la luz, tú no me olvidas. Junto a ti está el auxilio, junto a ti se encuentra la paciencia. No comprendo tus sendas, pero tú conoces el camino que es el mío. *d'après D. Bonhoeffer*)

Il Signore ti ristora **140**

♪ **O se-nhor me for-ta-le-ce**. Ele_es-tá sem-pr'a meu la-do. O Se-nhor que vem ao meu en-con-tro, vem ao meu en-con-tro. / **Die-vas nie-kad ne-pa-lie-ka.** Die-vas jė-gų su-tei-kia. Vieš-pats ieš-ko, trokš-ta su-si-tik-ti. Trokš-ta su-si-tik-ti.

(Le Seigneur te restaure. Dieu ne t'éloigne pas de Lui. Le Seigneur vient à ta rencontre. / The Lord restores you. God does not push you away. The Lord comes to meet you. / El Señor te restaura. Dios no te aparta. El Señor viene a encontrarte. / Der Herr gibt dir neue Kraft. Gott verstößt dich nicht. Der Herr kommt, um bei dir zu sein. / Pan Cię odnawia. Bóg Cię nie odpycha od siebie. Pan przychodzi, by spotkać się z Tobą. *S. Ambroise de Milan*)

141 Bleib mit deiner Gnade

(Reste avec nous, par ta grace, Seigneur, Jésus Christ, Dieu fidèle. / Пребудь с нами, Господи Иисусе Христе, истинный Бог, в Твоем милосердии. *cf Lc 24, 29*)

♪ **Stay with us** O Lord Je-sus Christ, night will soon fall. Then stay with us O Lord Je-sus Christ, light in our dark-ness. / **Blijf met uw ge-na-de** bij ons, Heer on-ze God. O, blijf met uw ge-na-de bij ons, licht in het duis-ter. / **Ven Je-sús** no tar-des Se-ñor, ven con tu paz. Oh, ven Se-ñor y vier-te‿en mi ser la con-fi-an-za. / **Her-re, stan-na kvar med din nåd**, nat-ten är här. O, Her-re, stan-na kvar med din nåd, ljus i vårt mör-ker. / **Bliv dog med din nå-de** hos os, nat-ten er nær. Ja bliv dog med din nå-de hos os, tro-fa-ste Her-re. / **Daj nam, Pa-nie, łas-ki** swej moc, pro-si-my Cię! Ach, daj nam, Pa-nie, łas-ki swej moc, Ty, wier-ny Bo-że! / **Bū-ki ma-lo-nin-gas**— mums, o Vieš-pa-tie. Ak, bū-ki ma-lo-nin-gas— mums, o Jė-zau Kris-tau. / **Mi-lost svo-ju** da-ruj nam, ti Go-spo-di-ne. Ne na-puš-taj nas, bu-di uz nas, ti vjer-ni Bo-že. / 請留下，主耶穌基督，光照我們。請"留下，主耶穌基督，驅散-黑暗。/ 우리 곁에 머무소서 주 예수여 오 우리 곁에 머무소서 빛되신 주님. / **Too- gal ak ñun** Bo-ro-om bi, Gud- di na léegi, Waaw, too-gal ak ñun Bo-ro-om bi, Leer gi ci lën-dëm. / **Nel-la tua gra-zia res-ta con noi**, Cri-sto Gesù. Sì, nel-la tua gra-zia res-ta con noi, Di-o fe-de-le.

Exaudi orationem meam 142

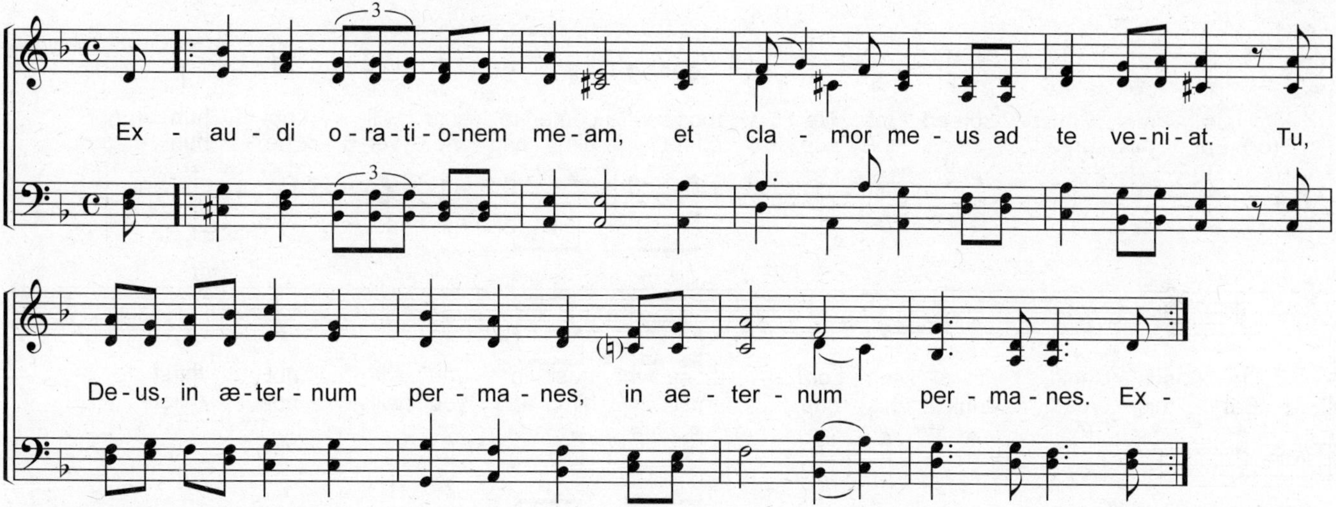

(Entends ma prière, et que mon cri vienne jusqu'à toi. Toi, Dieu, tu demeures à jamais. / Hear my prayer, let my cry come to you. You, God, remain forever. / Escucha mi súplica, que mi grito de socorro llegue a ti. Tú, Dios, permaneces siempre. / Höre mein Gebet, zu dir dringe mein Schreien. Du, Gott, bleibst für immer und ewig. / Panie, słuchaj modlitwy mojej, a wołanie moje niech do Ciebie przyjdzie! Ty, Boże, trwasz na wieki. / Ascolta la mia preghiera, a te giunga il mio grido. Tu, Signore, rimani in eterno. *Ps 102, 2.13*)

143 Jesus Christ bread of life – Eat this bread

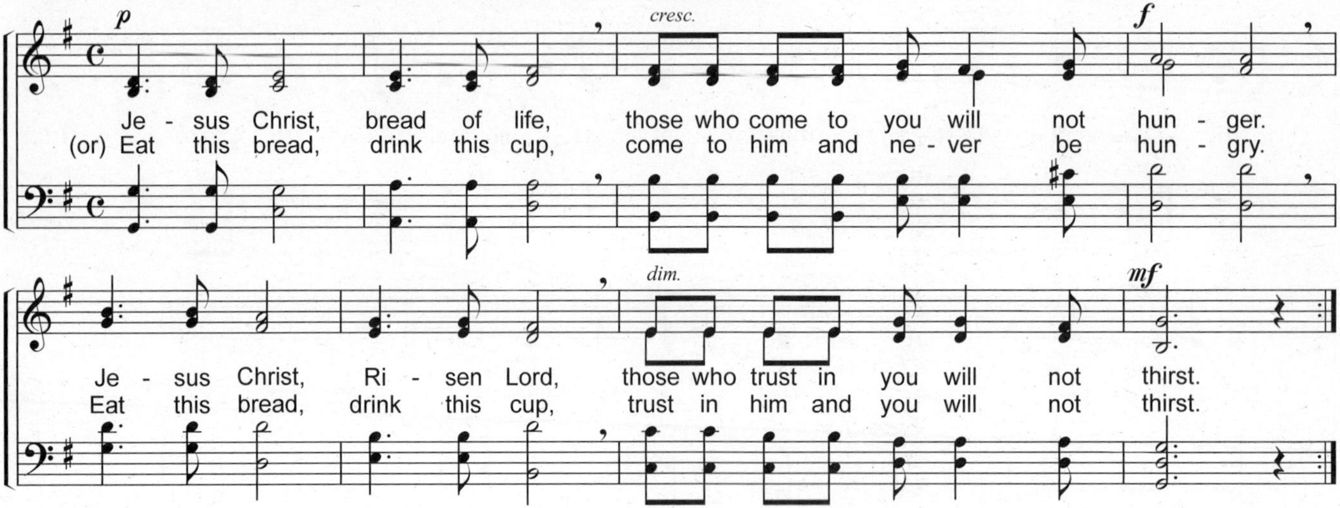

Notre Père

No-tre Pè - re qui es aux cieux, que ton nom soit sanc-ti - fié, que ton rè - gne vien - ne.
Que ta vo-lon-té soit fai - te sur la ter-re, comme au ciel. Don-ne-nous au-jourd'hui no-tre pain de ce jour.
Par-don-ne nous nos of - fen-ses, com-me nous par-don-nons aus-si à ceux qui nous ont of-fen - sés.
Gar - de-nous de la ten - ta - tion et dé - li - vre-nous du mal. A - men.

145 Our Father

Vater unser

Va-ter un-ser im Him-mel, ge-hei-ligt wer-de dein Na - me, dein Reich kom-me, dein Wil-le ge - sche-he,
wie im Him-mel so auf Er-den. Un - ser täg - li-ches Brot gib uns heu - te, und ver-gib uns uns-re Schuld,
wie auch wir ver-ge-ben un-sern Schul-di-gern. Be-wah-re uns vor der Ver-su-chung und er - lö - se uns von dem Bö-sen.
Denn dein ist das Reich und die Kraft und die Herr - lich - keit in E - wig - keit. A - men!

147 Fiez-vous en Lui

♪ **Nie lę-kaj-cie się**, On strze-że was! U-faj-cie Mu, po-kój da-je Pan! Nie lę-kaj-cie się! Alleluja! Alleluja! / **Fi-da-ti di Lui**, e non te-me-re: la pa-ce di Di-o ti pro-teg-ge-rà. Fi-da-ti di Lui. Al-le-lu-ia, al-le-lu-ia!

(Trust in Him and do not fear. God's peace will protect your hearts. Alleluia, alleluia! / Vertraut auf ihn, habt keine Angst. Der Friede Gottes beschütze eure Herzen. Alleluja! / Fiaos de Él, no temáis. La paz de Dios guardará vuestros corazones. ¡Aleluya, aleluya! *Ph 4, 6-7*)

I know that my Redeemer lives, and that at the last he will stand upon the earth; and after my awakening, in my flesh I shall see God, whom I shall see on my side, and my eyes shall behold, and not another. My heart faints within me! *(Jb 19, 25-27)*

Ich weiß, daß mein Erlöser lebt, und als der letzte wird er über dem Staub sich erheben. Und ist meine Haut noch so zerschlagen und mein Fleisch dahingeschwunden, so werde ich doch Gott sehen. Ich selbst werde ihn sehen, meine Augen werden ihn schauen, nicht mehr fremd. Danach sehnt sich mein Herz in meiner Brust.

А я знаю, Искупитель мой жив, и Он в последний день восставит из праха распадающуюся кожу мою сию, и я во плоти моей узрю Бога. Я узрю Его сам; мои глаза, не глаза другого, увидят Его. Истаевает сердце мое в груди моей!

Lecz ja wiem: Wybawca mój żyje, na ziemi wystąpi jako ostatni. Potem me szczątki skórą odzieje, i ciałem swym Boga zobaczę. To właśnie ja Go zobaczę, moje oczy ujrzą, nie kto inny; moje serce już mdleje z tęsknoty.

→

Je sais que mon rédempteur est vivant

148

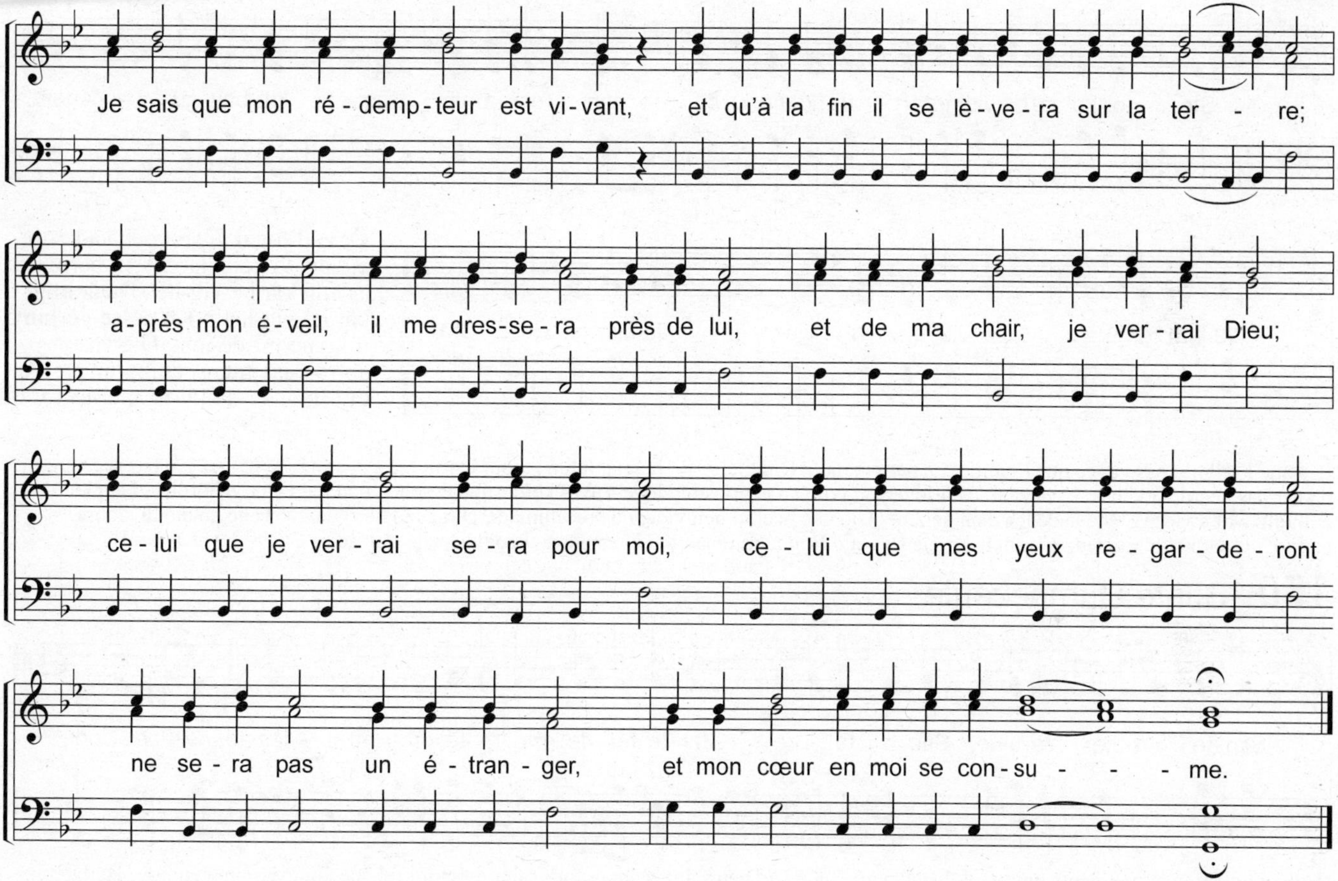

149 Što oko ne vidje

𝅘𝅥𝅮 **Vad ö-gat ej sett** och vad ö-rat ej hört sä-ger Gud till sitt barn: Du är mig kär i e-vig-het. Du är mig kär i e-vig-het. / **Ko ne-re-gė-jom** ir ko ne-gir-dė-jom, Die-vas ap-reiš-kė mums: am-ži-na mei-le my-liu jus,_ am-ži-na mei-le my-liu jus._

(Ce que l'œil n'a pas vu, ce que l'oreille n'a pas entendu, Dieu nous l'a révélé: D'un amour éternel je t'ai aimé./ What no eye has seen and no ear has heard, God has revealed to us: I love you with an everlasting love. / Was kein Auge gesehen und kein Ohr gehört hat, hat Gott uns enthüllt: Mit ewiger Liebe habe ich dich geliebt / Ciò che occhio non vide, né orecchio udì, Dio ce lo ha rivelato: Ti ho amato di amore eterno. / Czego oko nie widziało ani ucho nie słyszało Bóg nam objawił: Ukochałem cię odwieczną miłością. *1 Cor 2,9 et Jr 31,3*)

150 Sfinte Dumnezeule

(Holy God, Holy strong, Holy immortal: have mercy on us. / Dieu saint, saint et fort, saint et immortel, aie compassion de nous. / Heiliger Gott, heiliger Mächtiger, heiliger Unsterblicher, erbarme dich unser. / Dios santo, santo y fuerte, santo e inmortal, ten compasión de nosotros. / Święty Boże, Święty Mocny, Święty Nieśmiertelny, zmiłuj się nad nami. / Dio santo, santo e forte, santo e immortale, abbi pietà di noi.)

Iedere nacht verlang ik **151**

(Mon âme t'a désiré pendant la nuit, au plus profond de moi, mon esprit te cherche. / My soul yearns for you in the night, my spirit within me earnestly seeks you. / Meine Seele sehnte sich nach dir in der Nacht, mein Geist sucht dich zutiefst in mir. / Dusza moja pragnie Ciebie w nocy, duch mój poszukuje Cię w mym wnętrzu. / L'anima mia anela a te di notte, il mio spirito nel mio intimo ti cerca. / En la noche te desea mi alma, mi espíritu dentro de mí te busca. *Is. 26, 9a*)

Probudi se **152**

♪ **Pa-bus-ki** tu, ku-ris dar mie-gi, kel-kis iš mir-ties, ir Kris-tus ta-ve ap-švies, ir Kris-tus ta-ve ap-švies.

(Ô toi qui dors, éveille-toi, lève-toi d'entre le morts et le Christ sera ta lumière. / Sleeper, awake, rise from the dead, and Christ will be your light. / Despierta, tú que duermes, levántate de entre los muertos y te iluminará Cristo. / Wach auf, der du schläfst, steh auf von den Toten, und Christus wird dein Licht sein. / Zbudź się, o śpiący, i powstań z martwych, a zajaśnieje ci Chrystus. *Eph. 5,14*)

153 Laetentur cœli

(Joie au ciel, exulte la terre, à la face du Seigneur car il vient! / May the heavens rejoice and the earth be glad, before the Lord who is coming! / Der Himmel freue sich, die Erde frohlocke vor dem Herrn, denn er kommt! / Gioiscano i cieli, esulti la terra, davanti al Signore che viene./ Niech się radują niebiosa i niech się cieszy ziemia przed obliczem Pana, bo przychodzi! / Alégrense los cielos, goce la tierra, delante del Senor, que ya llega. *Ps 96,11.13*)